365 gute Gedanken für den lebenslustigen *Schützen*

365 gute Gedanken
für den lebenslustigen

Schützen

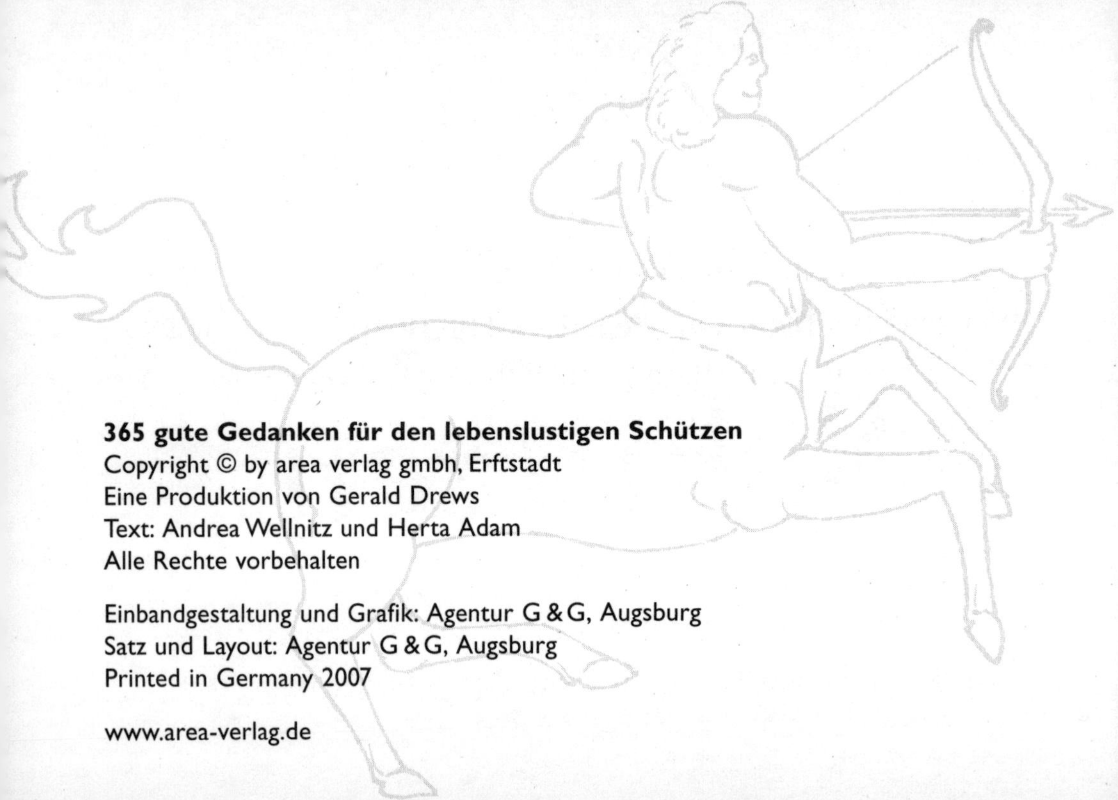

365 gute Gedanken für den lebenslustigen Schützen

Eine Produktion von Gerald Drews
Text: Andrea Wellnitz und Herta Adam

Einbandgestaltung und Grafik: Agentur G & G, Augsburg
Satz und Layout: Agentur G & G, Augsburg
Printed in Germany 2007

www.area-verlag.de

Vorwort

Liebe Leserin, lieber Leser,

herzlichen Glückwunsch, Sie sind Schütze!
Wer zwischen dem 23. November und dem 21. Dezember geboren ist, ist häufig ein richtiges Glückskind. Dafür sorgt Ihr Planet: der Jupiter, auch als Glücksplanet bekannt. Er lenkt den glücklichen Zufall und sorgt für Lebensfreude, Frohsinn und Optimismus – nutzen Sie also diese Chance, die Ihnen in die Wiege gelegt wurde! Unter den Feuerzeichen sind Sie mit Sicherheit das Tierkreiszeichen, das am meisten Lebenslust versprüht.

Selbstsicher und humorvoll, tolerant und warmherzig, offen und neugierig gegenüber anderen Menschen und neuen Ideen – so gehen Sie durch Ihr Leben. Ihre gesellige Art sorgt dafür, dass Sie dabei nicht alleine sind, denn der Schütze ist ein guter Freund und gern gesehener Wegbegleiter. In diesem Buch finden Sie nun 365 gute Gedanken von bekannten und weniger bekannten Autoren, die Sie durch das Jahr geleiten. In manchen werden Sie sich wieder erkennen, einige werden Sie zum Schmunzeln bringen, andere wiederum zum Nachdenken anregen.

Januar

1. *Januar*

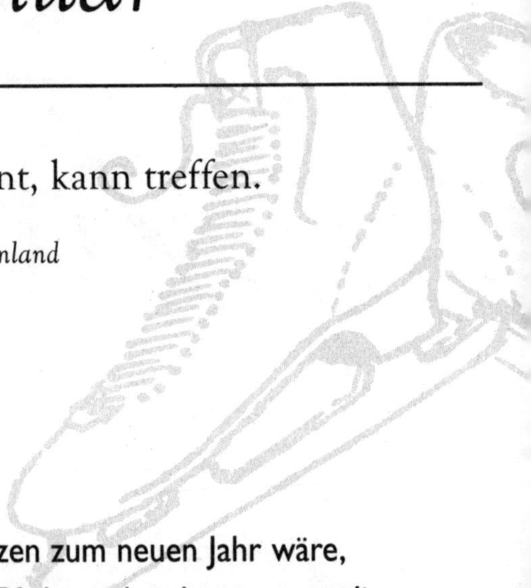

Nur wer das Ziel kennt, kann treffen.

Aus Griechenland

Ein guter Vorsatz für den Schützen zum neuen Jahr wäre,
dabei aber nicht den abgeschossenen Pfeil aus den Augen zu verlieren.

2. Januar

Die Vernunft ist des Herzens größte Feindin.

Giacomo Girolamo Casanova

Vielleicht wäre es manchmal leichter, wenn das Herz mit der Vernunft Freundschaft schließen würde?

3. *Januar*

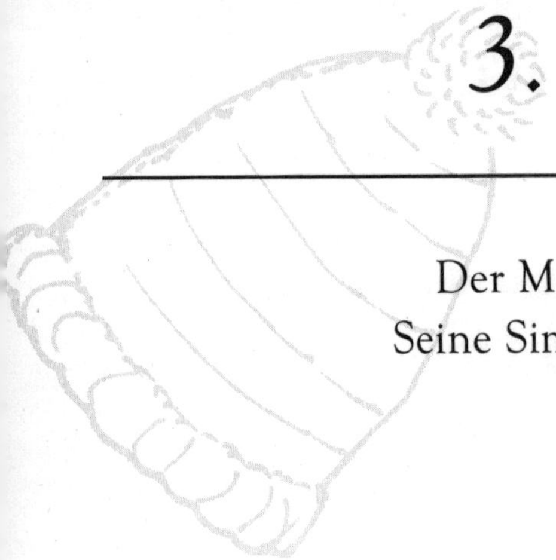

Der Mensch ist eine Sonne.
Seine Sinne sind seine Planeten.

Novalis

Dies trifft ganz besonders auf den Schützen zu,
aber denken Sie daran,
der Sonne nicht zu nahe zu kommen.

4. Januar

Es gibt niemanden, der nicht isst und trinkt,
aber nur wenige, die den Geschmack zu schätzen wissen.

Konfuzius

Sie haben viel Freude an gutem Essen.
Denken Sie daran, dass auch gesunde Kost
durchaus gut schmecken kann.

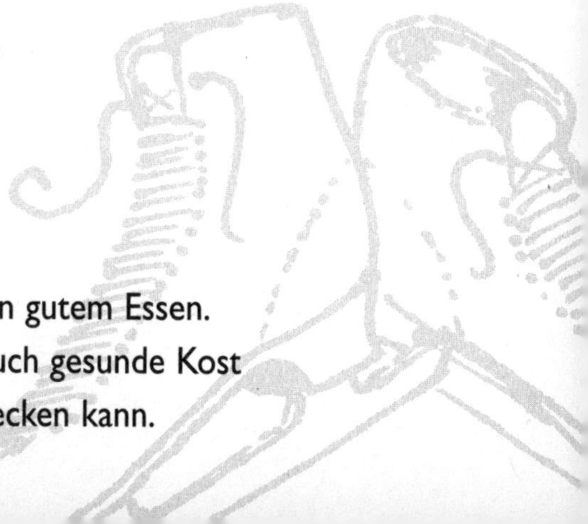

5. Januar

Das Aufschieben wichtiger Geschäfte
ist eine der gefährlichsten Krankheiten der Seele.

Georg Christoph Lichtenberg

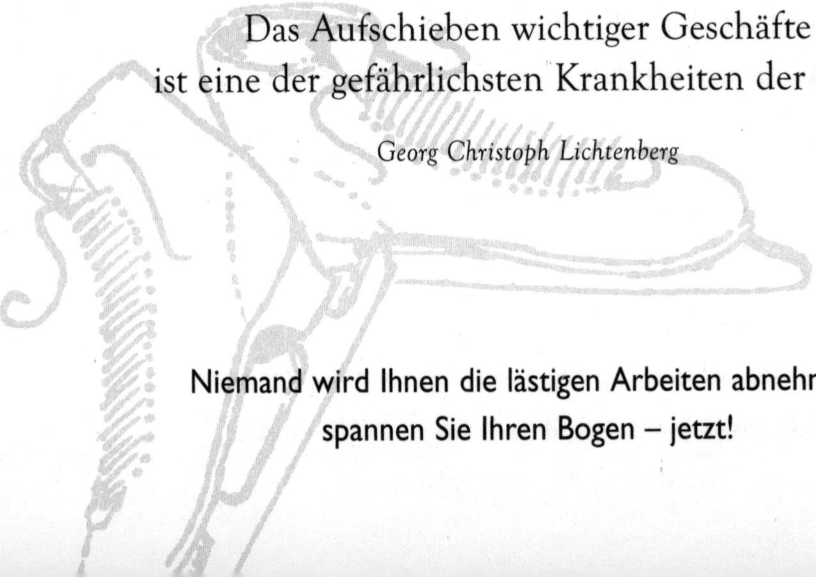

**Niemand wird Ihnen die lästigen Arbeiten abnehmen,
spannen Sie Ihren Bogen – jetzt!**

6. Januar

Die Freuden, die in der Heimat wohnen,
die suchst du vergebens in fernen Zonen.

Siegfried August Mahlmann

Auch wenn der Schütze gerne in der weiten Welt unterwegs ist, sollte er nicht seine Freunde in der Heimat vergessen.

7. Januar

Das Leben ist das schönste Märchen.

Hans Christian Andersen

Es dürfte Ihnen nicht schwer fallen,
in diesem Märchen der Königssohn zu sein.

8. Januar

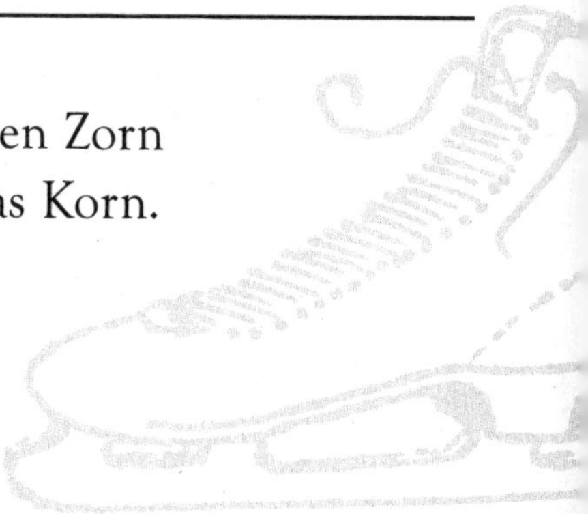

Ein Mensch in seinem ersten Zorn
wirft leicht die Flinte in das Korn.

Eugen Roth

Es wäre nur zu Ihrem Besten,
den ersten Zorn an einem Kissen auszulassen –
das erspart Ihnen und anderen viel Ärger.

9. Januar

Sei freundlich und bescheiden,
so mag dich jeder leiden.

Deutsches Sprichwort

Von Bescheidenheit hält der Schütze nicht allzu viel,
aber ihm gelingt es immer wieder, dass man ihn trotzdem mag –
nicht zuletzt durch seine Liebenswürdigkeit.

10. Januar

Das gute Beispiel prägt allein
der Lehre Sinn dem Herzen ein.

Friedrich von Bodenstedt

Wie wäre es, wenn Sie heute
einem lieben Menschen eine Freude bereiten?

11. Januar

Doch getröste dich in Ruh,
auch der andre, der bist du.

Peter Rosegger

Manchmal müssen wir erkennen, dass wir auch noch eine andere Seite haben, die uns nicht so angenehm erscheint, aber trotzdem zu uns gehört.

12. *Januar*

Nirgends strapaziert sich der Mensch mehr
als bei der Jagd nach Erholung.

Laurence Sterne

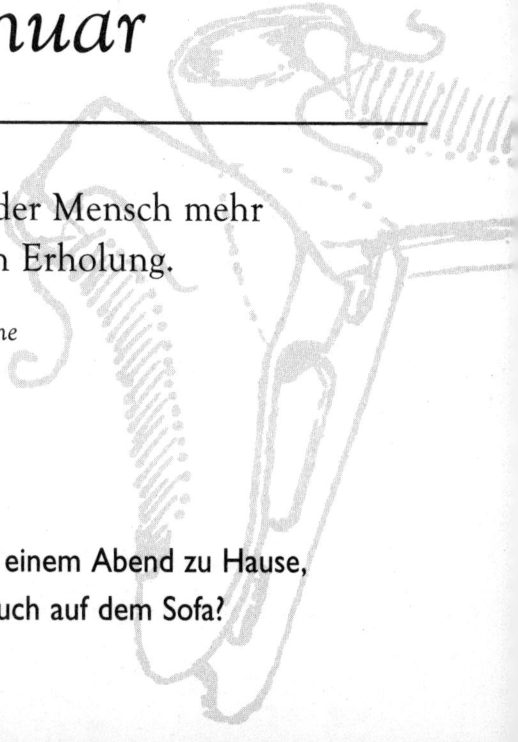

Wie wäre es denn mal wieder mit einem Abend zu Hause,
vielleicht mit einem guten Buch auf dem Sofa?

13. *Januar*

Reisen veredelt den Geist
und räumt mit unseren Vorurteilen auf.

Oscar Wilde

Der weltoffene Schütze erzählt gerne eindrucksvoll
von seinen Reiseerlebnissen und alle hören ihm fasziniert zu.

14. Januar

Wo gespielt wird,
da sind Kinder.

Aus Zaire

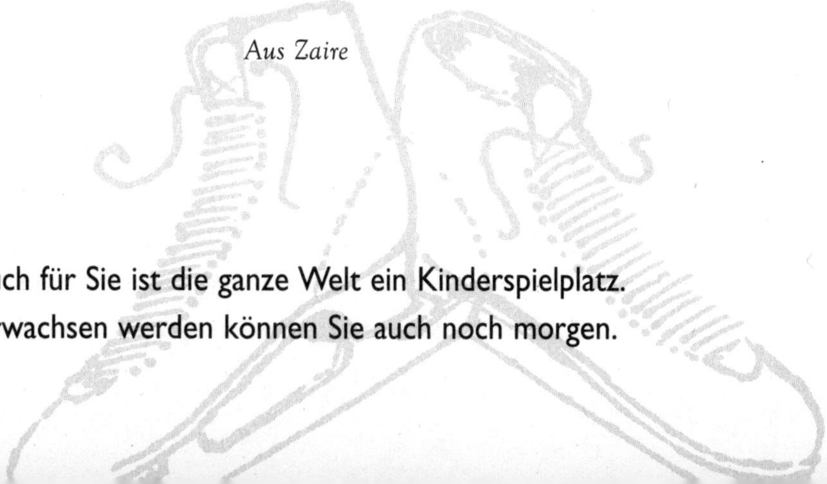

Auch für Sie ist die ganze Welt ein Kinderspielplatz.
Erwachsen werden können Sie auch noch morgen.

15. Januar

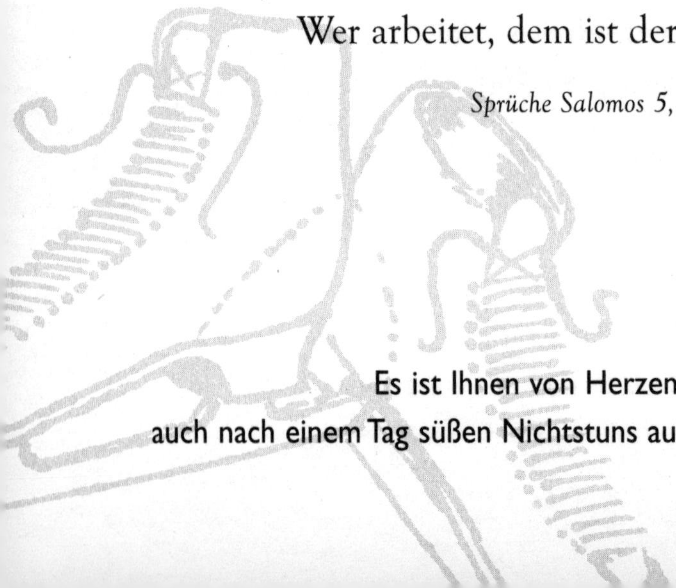

Wer arbeitet, dem ist der Schlaf süße.

Sprüche Salomos 5,11

Es ist Ihnen von Herzen gegönnt,
auch nach einem Tag süßen Nichtstuns ausgiebig und tief zu schlafen.

16. *Januar*

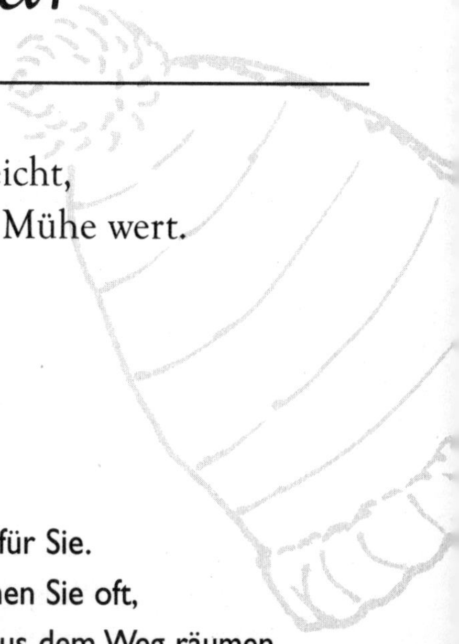

Was man mühelos erreicht,
ist gewöhnlich auch nicht der Mühe wert.

Verfasser unbekannt

Das gilt ganz bestimmt nicht für Sie.
Durch Ihre liebevolle Art erreichen Sie oft,
dass Ihnen wohlgesinnte Menschen Steine aus dem Weg räumen.

17. Januar

Sich regen bringt Segen.

Deutsches Sprichwort

Nicht selten gelingt Ihnen der Abschluss
eines lukrativen Geschäftes auch durch Telefonate
aus einem bequemen Sessel.

18. *Januar*

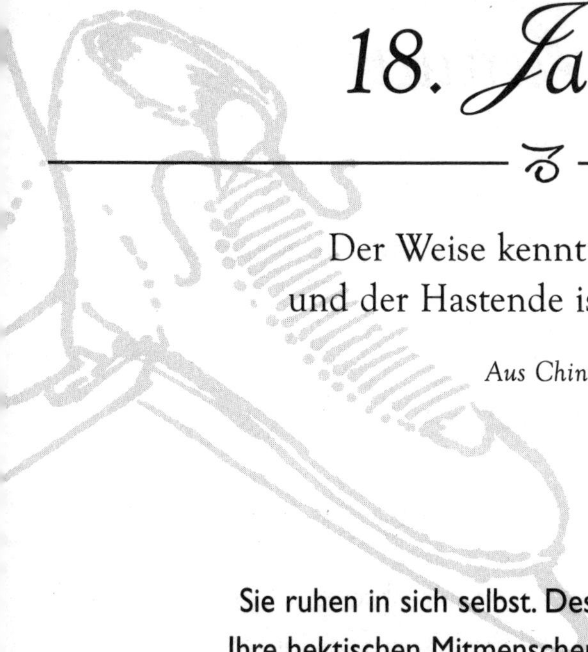

Der Weise kennt keine Hast
und der Hastende ist nicht weise.

Aus China

Sie ruhen in sich selbst. Deswegen können auch
Ihre hektischen Mitmenschen Sie nicht verwirren.

19. *Januar*

Oft wird „auftreten“ mit „aufstampfen“ verwechselt.

Erhard Blanck

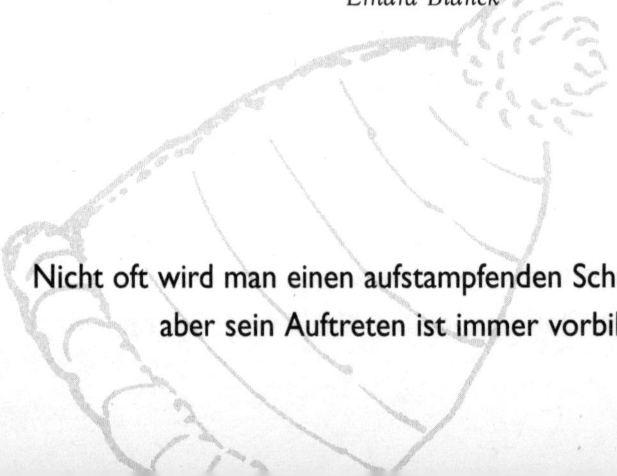

Nicht oft wird man einen aufstampfenden Schützen antreffen,
aber sein Auftreten ist immer vorbildlich.

20. *Januar*

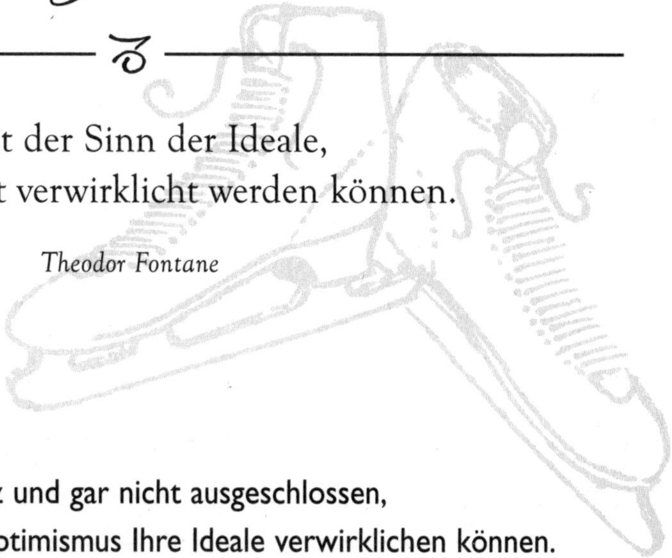

Es ist der Sinn der Ideale,
dass sie nicht verwirklicht werden können.

Theodor Fontane

**Es ist ganz und gar nicht ausgeschlossen,
dass Sie durch Ihren Optimismus Ihre Ideale verwirklichen können.**

21. *Januar*

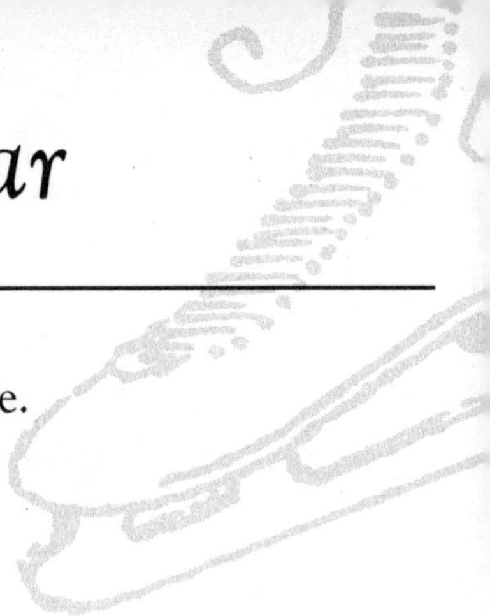

Weisheit ist Harmonie.

Novalis

Wenn ein Schütze seine Weisheiten mitteilt,
ist er in Harmonie mit sich selbst.

22. Januar

Alles Vorhaben unter dem Himmel
hat seine Stunde.

Sprüche Salomos 3,1

Man muss Sie dafür bewundern, dass es Ihnen
immer wieder gelingt, zur richtigen Zeit am richtigen Ort zu sein.

23. Januar

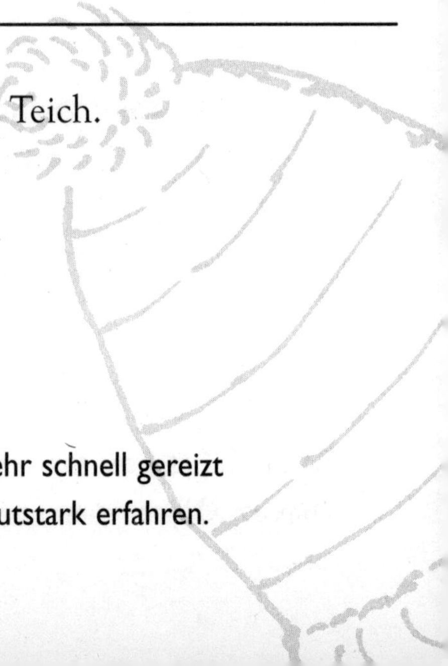

Reize keinen stillen Teich.

Aus Afrika

Auch der sanfteste Schütze ist sehr schnell gereizt
und lässt das sein Gegenüber lautstark erfahren.

24. Januar

Liebesentzückung ist Ausstieg aus der Zeit.

Erhart Kästner

Wenn Sie verliebt sind, kreisen Ihre Gedanken 24 Stunden am Tag um das Objekt Ihrer Begierde. Ist das Objekt nicht zu beneiden?

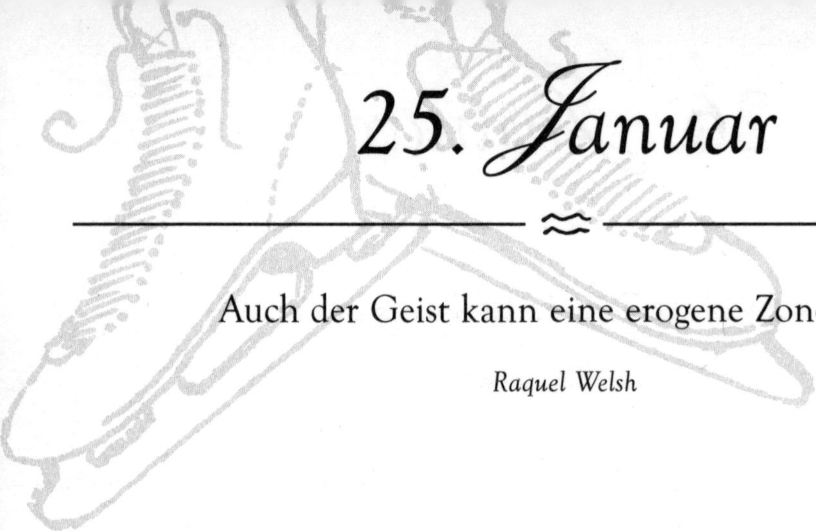

25. *Januar*

Auch der Geist kann eine erogene Zone sein.

Raquel Welsh

Für Ihr Sternzeichen ist es ganz besonders wichtig,
einen geistig ebenbürtigen Partner zu finden.
Vergessen Sie dabei jedoch nicht Ihre Gefühle.

26. *Januar*

In schlechter Zeit sind Freunde weit.

Polnisches Sprichwort

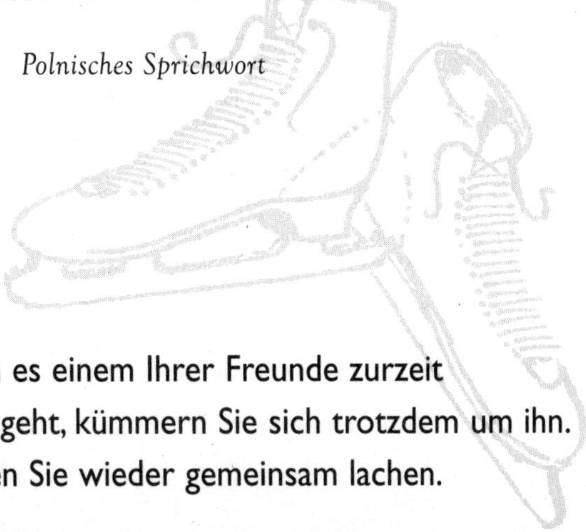

Auch wenn es einem Ihrer Freunde zurzeit
nicht besonders gut geht, kümmern Sie sich trotzdem um ihn.
Bald werden Sie wieder gemeinsam lachen.

27. Januar

Mutig gehn Sie stets auf alles los,
Scherz und Ernst: Sie sind in beidem groß.

Christian Morgenstern

Manchmal liegen Scherz und Ernst bei Ihnen so nahe beieinander, dass es schwierig wird, Sie zu verstehen.

28. *Januar*

Zwischen Entweder und Oder
führt noch manches Sträßlein.

Josef Victor von Scheffel

Dieses Sträßlein zu finden, ist für den Schützen als Feuerzeichen eine Herausforderung, der er sich doch hin und wieder stellen sollte.

29. *Januar*

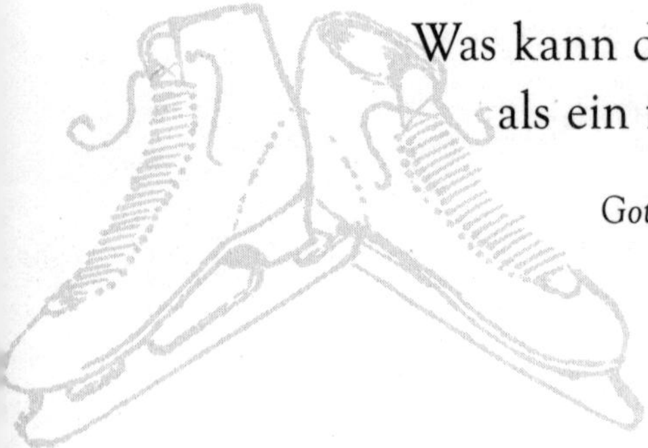

Was kann der Schöpfer lieber sehen
als ein fröhliches Geschöpf?

Gotthold Ephraim Lessing

Haben Sie heute schon gelacht? Sicher, denn Sie können sich sehr leicht über die kleinen Ungeschicke des Lebens amüsieren.

30. *Januar*

Lerne warten, denn entweder ändern sich
die Dinge oder dein Herz.

Michael Sailer

**Geduld ist nicht immer Ihre stärkste Seite –
warum versuchen Sie es nicht einmal mit Akzeptanz?**

31. *Januar*

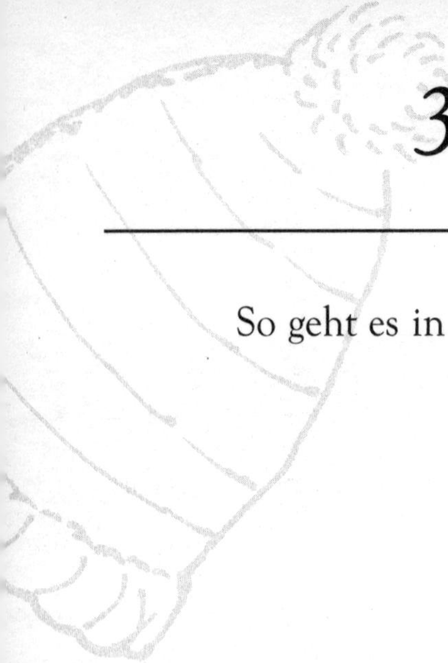

So geht es in der Welt: Der eine hat den Beutel,
der andere das Geld.

Deutsches Sprichwort

Die Verlockungen sind einfach zu groß.
Wenn heute Ihr Beutel voll ist,
ist er schon morgen wieder leer.

Februar

1. Februar

Nur wer die Sehnsucht kennt,
weiß, was ich leide ...

Johann Wolfgang von Goethe

Wenn es Sie ein wenig tröstet:
Sehnsucht ist die Voraussetzung für fast alle großen Taten.

2. Februar

Wenn die Sonne scheint,
kümmere ich mich nicht um den Mond.

Aus Italien

Sie als Schütze haben die besondere Gabe,
den Augenblick zu genießen
und unangenehme Dinge zur Seite zu schieben.

3. Februar

Habe Mut, dich deines eigenen Verstandes zu bedienen!

Immanuel Kant

**Auch wenn es für Ihre Freunde manchmal unangenehm ist –
teilen Sie ihnen Ihre Weisheiten mit,
denn Sie haben etwas zu sagen!**

4. Februar

Nur die Kunden können Könige sein,
die sich wie Könige benehmen.

Erhard Blanck

Sie haben viel Freude am Kaufen schöner Dinge
und dazu noch einen ausgewählten guten Geschmack. Sollten Sie gerade
gut bei Kasse sein, sind Sie wahrhaft ein königlicher Kunde.

5. Februar

Auf den Wegen der Freundschaft
soll man kein Gras wachsen lassen.

Marie-Thérèse Geoffrin

Gute Freundschaften sind nichts Selbstverständliches.
Wie wäre es, wenn Sie mal wieder eine Party geben?

6. Februar

Erst seit ich liebe,
weiß ich, dass ich lebe.

Theodor Körner

Der Schütze braucht die Liebe und das Verliebtsein
so dringend wie die Luft zum Atmen.

7. Februar

Allzu viel ist ungesund.

Deutsches Sprichwort

Leider gelingt es dem Schützen nicht immer, das rechte Maß zu finden. Hin und wieder wird einfach über das Ziel hinausgeschossen. Nehmen Sie es gelassen.

8. Februar

Wer den Kern essen will,
muss die Nuss knacken.

Deutsches Sprichwort

Keine Angst, Sie schaffen es schon wieder,
dass andere für Sie die Nüsse knacken.
Dies liegt nicht zuletzt an Ihrem unwiderstehlichen Charme.

9. Februar

Ach, es geschehen keine Wunder mehr!

Friedrich Schiller

Da Sie gerne nach den großen Wundern Ausschau halten,
übersehen Sie oftmals die vielen kleinen Wunder in Ihrem Leben –
auch diese wollen gesehen werden!

10. *Februar*

Ohne Fantasie keine Güte, keine Weisheit.

Marie von Ebner-Eschenbach

**Es wäre interessant, wenn Sie öfter
die Früchte Ihrer ausgeprägten Fantasie
unter die Menschen bringen würden.**

11. Februar

Eine Reise von tausend Meilen
beginnt mit einem Schritt.

Laotse

… und nicht selten passiert es,
dass Sie schneller vorankommen,
als Sie gedacht haben.

12. Februar

Wir sitzen so fröhlich beisammen
und haben einander so lieb.

August von Kotzebue

Zur Geselligkeit in froher Runde muss man Sie erst gar nicht überreden.
Und Sie, der liebenswerte Schütze, sind immer
ein gern gesehener Gast.

13. Februar

Die Eile hat der liebe Gott nicht geschaffen.

Aus Finnland

Versuchen Sie doch einmal, mit Langsamkeit
durch Ihre Stadt zu gehen. Sie werden staunen,
was Sie alles entdecken werden.

14. Februar

O dass sie ewig grünen bliebe,
die schöne Zeit der ersten Liebe.

Friedrich Schiller

Ja – dafür muss man sich schon etwas einfallen lassen,
doch an originellen Geschenkideen mangelt es Ihnen nicht.

15. Februar

Ohne Musik wäre das Leben ein Irrtum.

Friedrich Nietzsche

Wie lange ist es her, dass Sie Ihre Lieblings-CD genossen haben?
Nehmen Sie sich heute die Zeit dazu.

16. *Februar*

Denn mancher hat sich schon beklagt:
Ach, hätt ich das doch nicht gesagt!

Wilhelm Busch

Vor lauter Freude am Sprechen könnte Ihnen schon einmal unbemerkt etwas Unpassendes entschlüpfen. Man wird es Ihnen verzeihen.

17. Februar

Der, der ich bin, grüßt trauernd den,
der ich sein möchte.

Karl Rahner

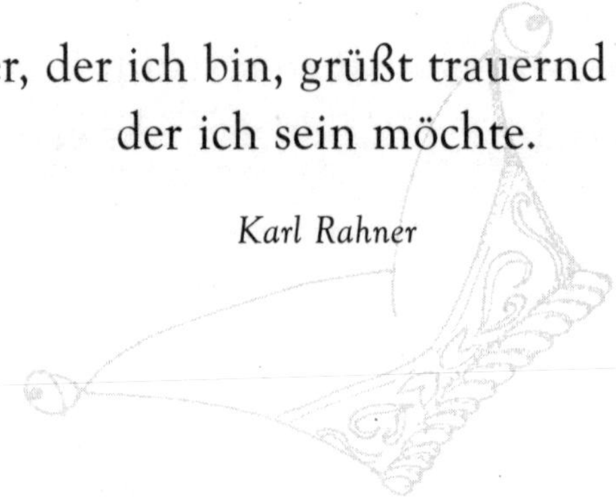

Manchmal muss man es Ihnen doch sagen:
So, wie Sie sind, sind Sie genau richtig!

18. Februar

Wer glücklich ist, fühlt,
wer unglücklich ist, denkt.

Joachim Fernau

Auch wenn Sie glücklich sind, denken Sie trotzdem einmal daran,
wie sich jemand fühlt, der unglücklich ist.

19. *Februar*

Die Kinder sind die
wirklichen Lehrmeister der Menschheit.

Peter Rosegger

Beobachten Sie einmal Kinder beim Spielen,
Ihnen wird so manches Licht aufgehen.

20. *Februar*

♓

Zu den Blitzen des Genies
machen die Talente den Donner.

Peter Sirius

**Setzen Sie Ihre Geistesblitze
unbedingt öfter in die Tat um!**

21. Februar

♓

Der Mensch ist die Dornenkrone der Schöpfung.

Stanislaw Jerzy Lec

Das, lieber Schütze, vergessen Sie ganz schnell. Sie sind doch die Krone der Schöpfung, oder?

22. Februar

♓

Das höchste Glück des Lebens
besteht in der Überzeugung, geliebt zu sein.

Victor Hugo

Freuen Sie sich über die Liebe, die man Ihnen entgegenbringt. Vielleicht sollten Sie auch andere von Ihrer Liebe überzeugen?

23. Februar

Wie man in den Wald hineinruft,
so schallt es heraus.

Deutsches Sprichwort

Auch der liebevollste Schütze vergreift sich manchmal im Ton.
Seien Sie dann nicht vom Echo beleidigt.

24. Februar

♓

Gutes Benehmen ist
wie ein vollendeter Faltenwurf.

Aus Japan

Seien Sie doch ein wenig toleranter gegenüber Menschen,
die sich nicht so gut benehmen können wie Sie.

25. *Februar*

♓

Der Hauptfehler des Menschen bleibt,
dass er so viele kleine hat.

Jean Paul

Es gibt keinen Menschen ohne kleine Fehler.
Wichtig ist, dass Sie sich diese Fehler verzeihen können.

26. Februar

♓

Ach wie gut, dass niemand weiß,
dass ich Rumpelstilzchen heiß.

Gebrüder Grimm

Schützen haben oft ihren Spaß dabei, ihre Person ein wenig rätselhaft erscheinen zu lassen.

27. *Februar*

Wenn ein Freund bittet,
gibt es kein Morgen.

Aus Spanien

Auf Ihre Freundschaft kann man sich verlassen, zu jeder Zeit!

28. Februar

♓

Habt Liebe für alle,
denn keiner ist anders als ihr.

Ramakrishna

Manchmal fällt es dem Schützen ein wenig schwer, einzusehen,
dass nicht nur er liebenswert ist.

29. Februar

Die Menschen kommen durch nichts den Göttern näher,
als wenn sie Menschen glücklich machen.

Marcus Tullius Cicero

**Wer selbst fröhlich und optimistisch durchs Leben geht,
wird damit auch seine Mitmenschen anstecken.**

März

1. März

♓

Zeit ist Geld.

Aus Großbritannien

Nehmen Sie sich heute einmal Zeit
für die Nöte eines guten Freundes.
Auch das zahlt sich aus.

2. März

♓

Sesam, öffne dich!

Tausendundeine Nacht

Durch Ihre liebevolle Art werden Ihnen viele Türen geöffnet.

3. März

♓

Es gibt mehr Dinge im Himmel und auf Erden,
als eure Schulweisheit sich träumt.

William Shakespeare

Ihr Forscherdrang treibt Sie immer wieder
gerne in mystische Gefilde, bleiben Sie am Ball!

4. März

♓

Gold und Silber lieb ich sehr,
kann's auch gut gebrauchen.

August Schnetzler

Meistens brauchen Schützen sehr viel davon,
denn Sparsamkeit ist nicht ihr Lieblingsthema.

5. März

Denn zu Zeiten der Not
bedarf man seiner Verwandten.

Johann Wolfgang von Goethe

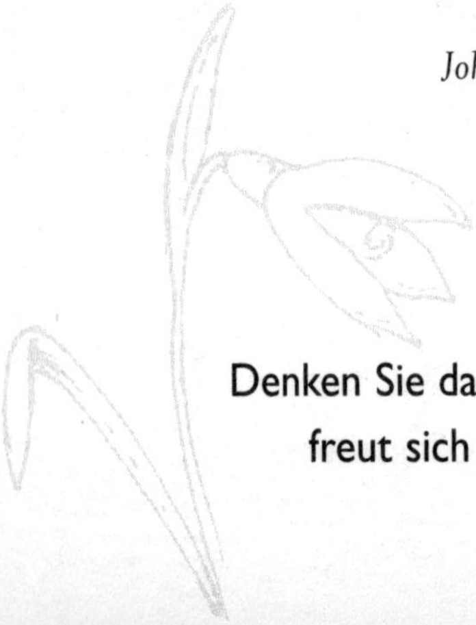

Denken Sie daran: Auch wenn es Ihnen gut geht, freut sich Ihre Tante über Ihren Besuch.

6. März

♓

Niemals kann alles gesagt werden.

Aus dem Senegal

Damit müssen Sie sich mitunter einfach zufrieden geben!

7. März

♓

Aller Anfang erfüllt das Herz mit Hoffnung.

Johannes XXIII.

Geradezu mit Begeisterung stürzen Sie sich
in Neuanfänge und richten Ihren Blick auf neue Ziele.

8. März

♓

Der Schein trügt.

Deutsches Sprichwort

Der Schütze verwandelt sich gerne,
er ist ein ewiger Schauspieler.

9. März

♓

Mit Jupiter lasst uns beginnen.

Vergil

Ihr Planet ist Jupiter. In der griechischen Mythologie ist er der König der Götter.

10. März

♓

Die Mäus sind Herr und ich bin Knecht,
so komm ich nimmermehr zurecht.

Verfasser unbekannt

**Selbstverständlich ist es unter Ihrer Würde, Knecht zu sein.
Ihnen steht der Chefposten zu!**

11. März

♓

Als hätte der Streit um Helena
nicht mit Worten geschlichtet werden können.

Euripides

Der Schütze findet meistens die richtigen Worte,
um Streithähnen den Wind aus den Segeln zu nehmen.

12. März

♓

Wir sind oft, wenn wir schnell uns trennen,
zu feig, die Wahrheit zu bekennen.

Eugen Roth

**Könnte es sein, dass Sie sich manchmal scheuen,
Ihrem Gegenüber die Wahrheit zu sagen?**

13. März

Oft mitten in dem tollsten Lachen
kann dir der trübe Geist erwachen ...

Otto von Leixner

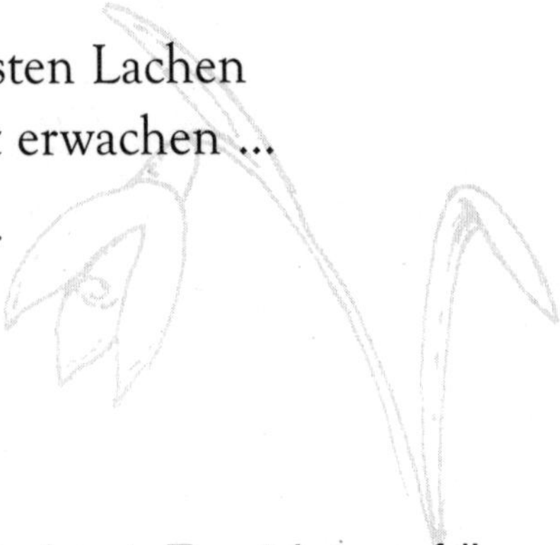

Auch Sie können von einer Minute auf die andere in Traurigkeit verfallen, aber so schnell, wie sie kommt, geht sie auch wieder vorbei.

14. März

♓

Trinkt, o Augen, was die Wimper hält,
von dem goldenen Überfluss der Welt.

Gottfried Keller

Sich am Überfluss der Welt zu berauschen, liegt Ihrem Sternzeichen nicht allzu fern.

15. März

♓

Die Gedanken sind frei, wer kann sie erraten ...

Aus: Des Knaben Wunderhorn

Ihre geistigen Höhenflüge würde so mancher gerne erraten.

16. März

♓

Erst die Arbeit, dann das Vergnügen.

Deutsches Sprichwort

Seien Sie ganz ehrlich: Umgekehrt wäre es Ihnen lieber, und am allerliebsten: nur das Vergnügen.

17. März

♓

Immer der Erste zu sein
und vorzustreben vor anderen.

Homer

Ja, lieber Schütze, Sie werden es immer wieder schaffen, als Erster am Ort des Geschehens zu sein.

18. März

Dass ich fröhlich bin, die Sachen leicht nehme,
rasch lebe, das ist mein Glück.

Johann Wolfgang von Goethe

Manchmal könnte man glauben, dass Ihr Sternzeichen
das Glück gepachtet hat. Seien Sie dankbar!

19. März

♓

Nur für Dumme ist das Leben langweilig.

Horst Wolfram Geißler

Langeweile ist Ihr großer Feind, für Sie ist das Leben eine einzige Entdeckungsreise!

20. März

♓

Der Vogel, der nicht fliegt,
weiß nicht, wo reife Früchte sind.

Aus Burundi

Manchmal ist es eben doch nötig, seine Flügel zu benützen, um ans Ziel seiner Wünsche zu kommen.

21. März

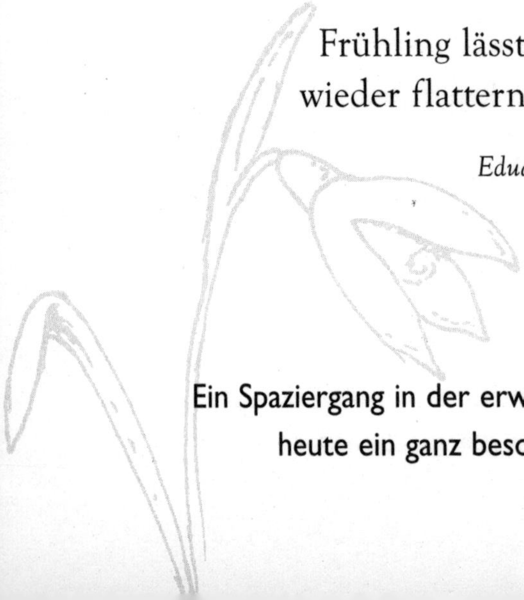

Frühling lässt sein blaues Band
wieder flattern durch die Lüfte ...

Eduard Mörike

Ein Spaziergang in der erwachenden Natur könnte für Sie heute ein ganz besonderes Erlebnis werden.

22. März

Unsere Gegner sind Lehrer,
die uns nichts kosten.

Ferdinand de Lesseps

Nicht jeder Mensch ist Ihnen wohlgesinnt.
Über das „Warum“ nachzudenken, kann sehr lehrreich sein.

23. März

Vor allem aber, o König, lasse
ihm reichlich füllen die Reisekasse.

Heinrich Heine

Am liebsten würden Sie, lieber reisefreudiger Schütze,
schon wieder Ihre Koffer packen. Was sagt denn Ihr Bankkonto dazu?

24. März

Die Wärme bringt uns Hochgenuss,
man fühlt sich wie aus einem Guss.

Eugen Roth

Wie alle Feuerzeichen strahlen Sie sehr viel Wärme aus
und man fühlt sich wohl in Ihrer Nähe.

25. März

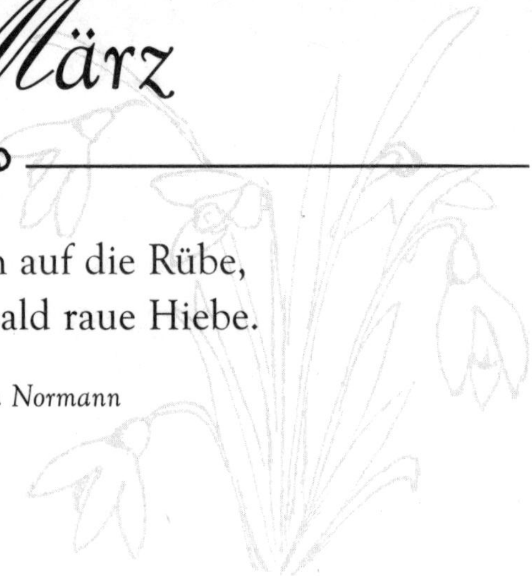

Haust du andren auf die Rübe,
kriegst du auch bald raue Hiebe.

Reinhard von Normann

Sie haben mitunter ein explosives Temperament,
wundern Sie sich nicht, wenn Ihr Gegenüber zurückschlägt.

26. März

Dein Geheimnis martert mich,
sprich, o Nacht, ich höre dich!

Alexander Puschkin

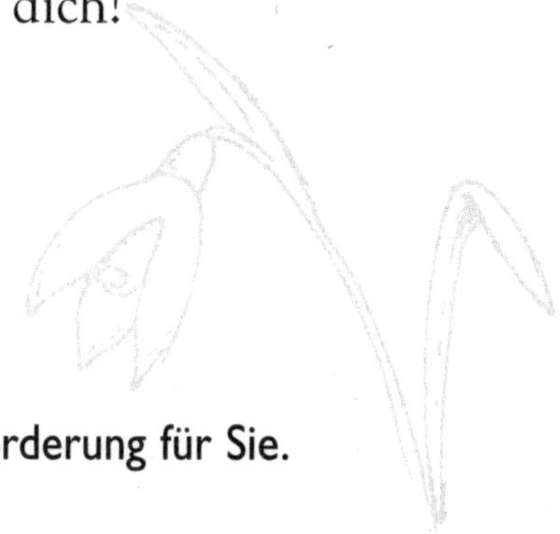

Unerforschte Rätsel sind eine Herausforderung für Sie.

27. März

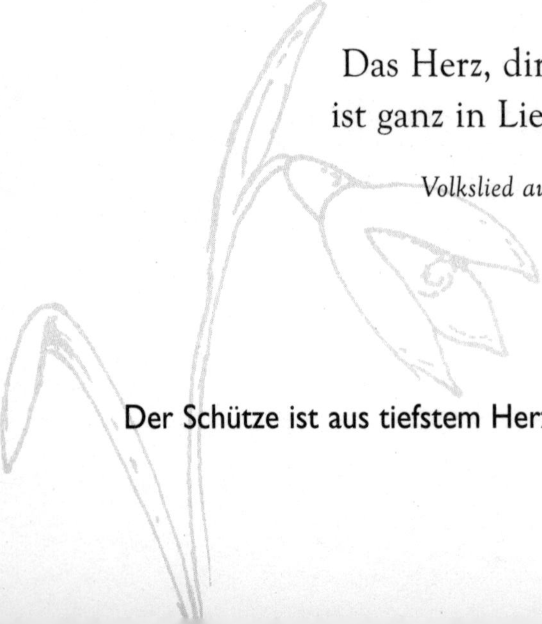

Das Herz, dir zugewandt,
ist ganz in Lieb entbrannt.

Volkslied aus Venedig

Der Schütze ist aus tiefstem Herzen heraus in die Liebe verliebt.

28. März

Armes Häschen, bist du krank,
dass du nicht mehr hüpfen kannst?

Volkslied aus Deutschland

Ja, gestehen Sie es sich nur ein, dass Sie sehr oft meist unbegründete Ängste vor Krankheiten haben.

29. März

Ich geh nie wieder in die Fabrik.
Ich hab das Regelmäßige dick.

Joachim Ringelnatz

Mitunter ist es schwierig für Sie,
Ihren großen Freiheitsdrang zu regeln.

30. März

Verhalte dich jedem gegenüber,
als empfingst du einen großen Gast.

Aus China

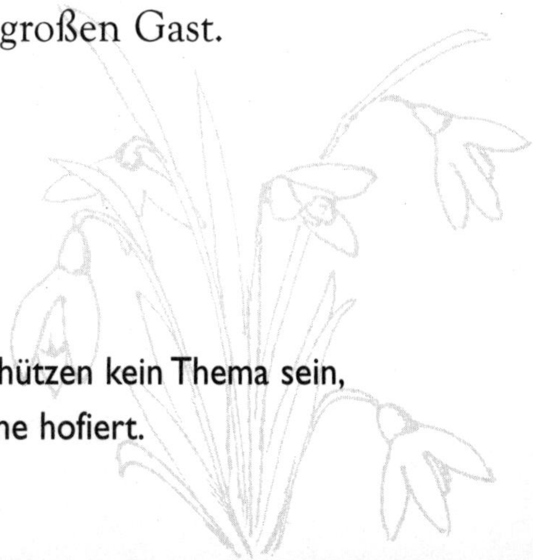

Das dürfte für den liebenswerten Schützen kein Thema sein,
denn auch er wird gerne hofiert.

31. März

Gott ist nahe,
wo die Menschen einander Liebe zeigen.

Johann Heinrich Pestalozzi

Haben Sie Mut und zeigen Sie Ihren Mitmenschen Ihre Liebe
und die Herzen werden Ihnen zufliegen.

April

1. April

Jede Landschaft hat
ihre eigene besondere Seele.

Christian Morgenstern

Um das zu erforschen, zieht es Sie
immer wieder in die weite Welt hinaus.

2. April

In unserem Geiste steckt mehr Faulheit
als in unserem Körper.

François de La Rochefoucauld

**Der äußerst lebhafte Geist des Schützen
lebt in einem eher faulen Körper.**

3. April

Große Vermögen
bringen große Verluste mit sich.

Laotse

Sollten Sie heute unverhofft zu viel Geld kommen,
müssen Sie es morgen doch nicht schon wieder ausgeben.

4. April

Des Lebens kurze Spanne verbietet uns,
Pläne auf lange Sicht zu machen.

Horaz

Zukunftspläne schmieden ist
nicht unbedingt Ihr Ding. Es kommt eben, wie's kommt.

5. April

Die Natur liebt es, sich zu verbergen.

Heraklit

Der Schütze nicht. Er scheut keinesfalls das Licht der Öffentlichkeit. Warum auch?

6. April

♈

Prüderie ist eine Art von Geiz ...

Stendhal

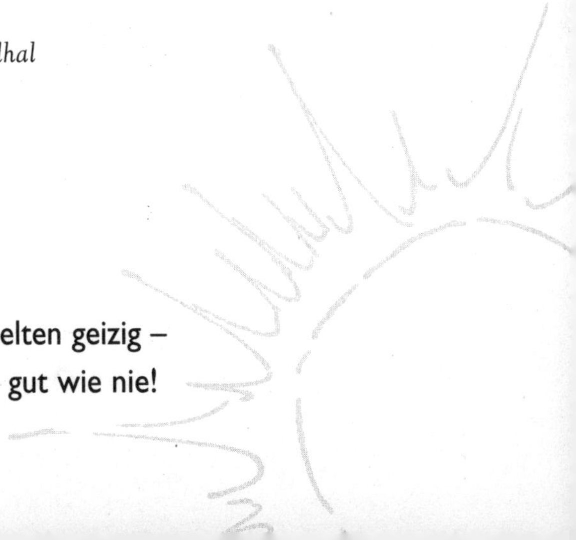

**Sie sind ganz selten geizig –
und prüde: so gut wie nie!**

7. April

Wenn man Streit übernachten lässt,
so wird er ganz geschlichtet.

Aus dem Talmud

Auch Sie haben manchmal Ihre Wutanfälle,
aber am nächsten Tag ist alles wieder vergessen.

8. April

Mich zieht ein weiches, samtenes Band,
durch Dämmergrau, in der Liebe Land.

Otto Julius Bierbaum

Ins Land der Liebe zieht es Sie immer wieder,
auch wenn Ihr Aufenthalt oft nur von kurzer Dauer ist.

9. April

Warum schwandest du vor dem Ziel,
allerlieblichstes Gespiel?

Conrad Ferdinand Meyer

Für Sie, lieber Schütze, liegt die Begeisterung auf dem Weg zum Ziel.

10. April

Der Schmetterling vergisst oft,
dass er einmal eine Raupe war.

Aus Schweden

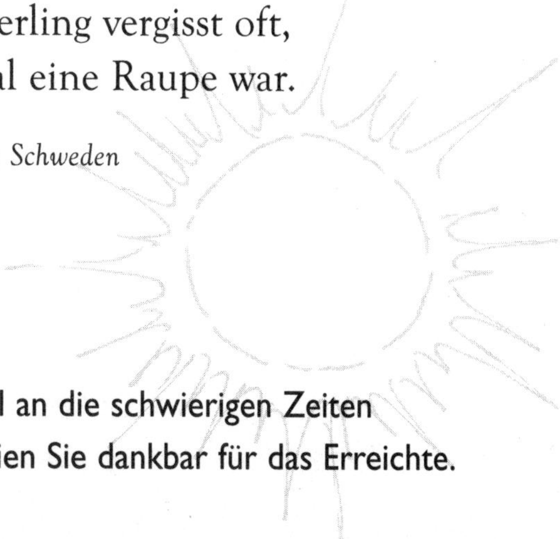

Denken Sie manchmal an die schwierigen Zeiten Ihres Lebens zurück und seien Sie dankbar für das Erreichte.

11. April

Morgen, morgen nur nicht heute,
sagen alle faulen Leute.

Christian Felix Weiße

Wollen Sie sich das wirklich nachsagen lassen?
Fangen Sie noch heute mit dem Frühjahrsputz an.

12. April

Kunst ist das, was Welt wird,
nicht das, was Welt ist.

Karl Kraus

Sie sind der geborene Künstler, Lebenskünstler!

13. April

Alle sinnlichen Genüsse
regen bei edlen Naturen den Geist an.

Waldemar Bonsels

**Ja, das passt für Ihr Sternzeichen,
aber überspannen Sie den Bogen nicht!**

14. April

Mein körperliches Training besteht darin,
dass ich die Särge der Freunde trage,
die regelmäßig trainiert haben.

Chauncey Depew

Freude am Sport ist Ihnen nicht unbedingt in die Wiege gelegt worden.
Aber wie wäre es mit Yoga?

15. April

Glück besteht aus einem soliden Bankkonto,
einer guten Köchin und einer tadellosen Verdauung.

Jean-Jacques Rousseau

… und einem Ziel, das man ins Visier nehmen kann!

16. April

Fliehst du vor dem Loche,
fällst du in den Brunnen.

Aus Afrika

**Wenn Sie heute vor etwas Unangenehmen davonlaufen,
holt es Sie sicherlich morgen wieder ein.**

17. April

Mir ist die gefährliche Freiheit lieber
als eine ruhige Knechtschaft.

Jean-Jacques Rousseau

Sie umgibt der Mythos des ewig Reisenden und Wandernden –
nehmen Sie sich die Freiheit, die Sie brauchen.

18. April

♈

Ich weiß, an wen ich glaube,
und nahe mich im Staube ...

Christian Fürchtegott Gellert

Ob Sie es nun gerne zeigen oder lieber für sich behalten:
Der Schütze ist ein sehr religiöses Zeichen.

19. April

Die Primeln blühn und grüßen,
so lieblich mir zu Füßen.

Christian Morgenstern

Ein kleiner Frühlingsausflug in die Natur
wird Ihre trüben Gedanken vertreiben.

20. April

Die Gegenwart ist eine mächtige Göttin,
lern ihren Einfluss kennen, bleibe hier!

Johann Wolfgang von Goethe

Die Kraft des Augenblicks zu erfahren,
sollten Sie sich zum Ziel nehmen.
Aber es bedarf ständiger Übung!

21. April

Aber hier, wie überhaupt,
kommt es anders, als man glaubt.

Wilhelm Busch

**Das macht Ihnen nicht allzu viel aus,
da Sie gerne überrascht werden.**

22. April

Tu Gutes und wirf es ins Wasser.

Aus Indien

Sie haben es nicht nötig, ständig
mit Ihren guten Taten hausieren zu gehen.

23. April

An der Spitze ist immer Platz.

Daniel Webster

Ohne viel dafür tun zu müssen,
gelingt es Ihnen immer wieder,
in der ersten Reihe zu stehen.

24. April

Sein oder Nichtsein,
das ist hier die Frage.

William Shakespeare

Im Herzen des Schützen liegt eine tiefe Sehnsucht,
das Leben zu erfahren und zu verstehen.

25. April

Das Wort des Menschen ist sein Wesen.

Aus Japan

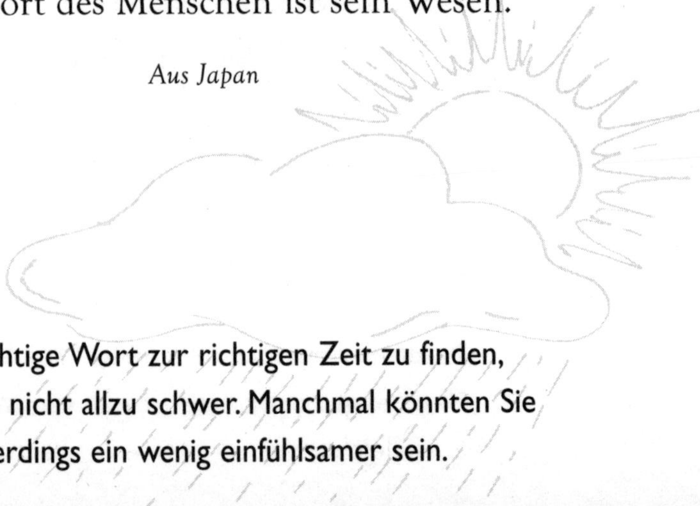

Das richtige Wort zur richtigen Zeit zu finden, fällt Ihnen nicht allzu schwer. Manchmal könnten Sie allerdings ein wenig einfühlsamer sein.

26. April

♉

Treue Lieb' hilft alle Lasten heben.

Friedrich Schiller

Auch wenn man Ihrem Sternzeichen
Schwierigkeiten mit der Treue nachsagt –
vielleicht sind Sie ja eine Ausnahme?

27. April

Sage mir, mit wem du umgehst,
und ich sage dir, wer du bist.

Aus Arabien

**Sie sind gerne dort, wo die Dinge geschehen,
und somit unter Leuten, die die Dinge geschehen machen.**

28. April

Und warum fürchtet ihr euch davor,
Clowns zu sein?

Hans Magnus Enzensberger

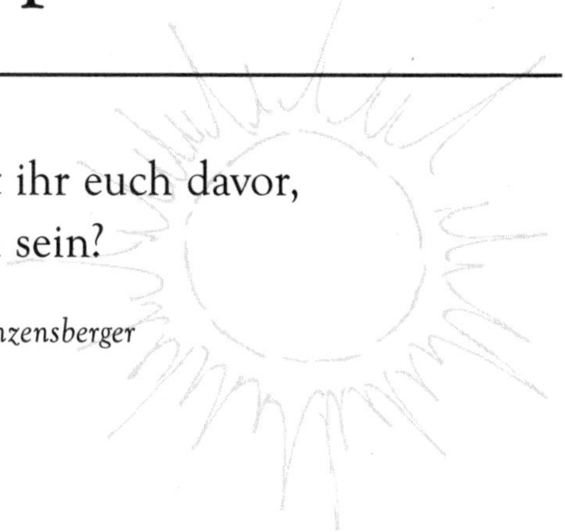

Wenn Sie über sich selbst lachen können,
macht es Ihnen auch nicht so viel aus, wenn andere über Sie lachen.

29. April

Mit einem Beinahe darf man sich nicht zufrieden geben.

Aus Frankreich

Mit ein wenig mehr Ausdauer
würde es Ihnen sicher gelingen, Ihr Ziel ganz zu erreichen!

30. April

Glück heißt, seine Grenzen kennen und sie lieben.

Romain Rolland

Wie alle Feuerzeichen lassen Sie sich nicht gerne eingrenzen.
Wenn es trotzdem einmal sein muss, so nehmen Sie es an!

Mai

1. Mai

Drum komme, wem der Mai gefällt,
und freue sich der schönen Welt.

Ludwig Hölty

Endlich können Sie wieder Ihren Rucksack packen und Berg und Tal erforschen.

2. Mai

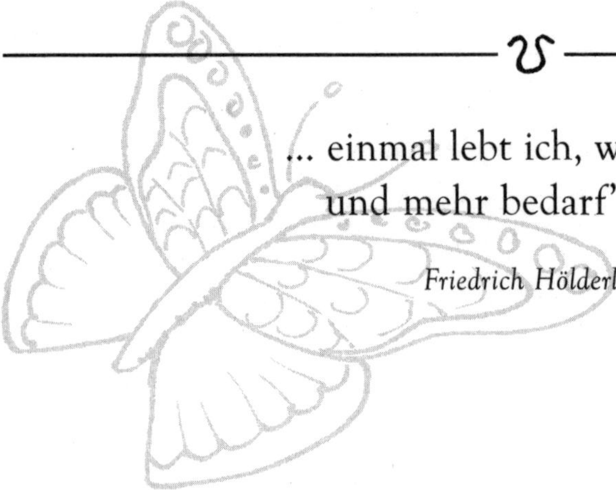

... einmal lebt ich, wie Götter,
und mehr bedarf's nicht.

Friedrich Hölderlin

Dieser Wunsch schlummert tief in Ihnen.
Warum sollte es Ihnen nicht gelingen?

3. Mai

Doch ist vergessen alles Weh,
am anderen Morgen, beim Kaffee.

Eugen Roth

Sie als Schütze sind nicht nachtragend.
Meist ist Ihr Ärger über Nacht verflogen.

4. *Mai*

Was man besonders gerne tut,
ist selten ganz besonders gut.

Wilhelm Busch

Lassen Sie sich von nichts und niemandem heute Ihren Spaß verderben.

5. Mai

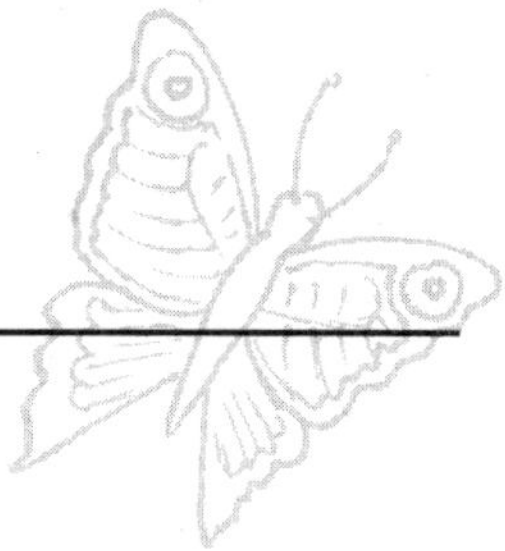

Dass ich auf der Erde steh,
tut mir manchmal heftig weh.

Jules Laforgue

Ja, lieber Schütze, am liebsten hätten Sie Flügel,
um ganz schnell dort zu sein,
wo das Leben am interessantesten ist.

6. *Mai*

Wahrlich, keiner ist weise,
der nicht das Dunkel kennt ...

Hermann Hesse

Aber halten Sie sich nicht zu lange dort auf, denn im Hellen sieht man besser.

7. Mai

Der Jäger sah ein edles Wild ...
es war ein schönes Frauenbild.

Aus: Des Knaben Wunderhorn

Nicht alle Schütze-Männer sind ständig auf der Jagd nach schönen Frauen. Oder?

8. Mai

Bin festgeschmiedet am Ehejoche,
in diesem verwünschten Rattenloche.

Heinrich Heine

**Ehe und Heim sind für Sie nur angenehm,
wenn die Türen nicht verschlossen sind.**

9. Mai

Bote von dem Himmel,
dringe durchs Getümmel, dieser eitlen Welt.

Aus: Des Knaben Wunderhorn

Und manchmal kann man zusehen,
wie das Glück vom Himmel auf den Schützen regnet.

10. Mai

Viele verlieren den Verstand deshalb nicht,
weil sie keinen haben.

Baltasar Gracián

Keinesfalls sollte man Ihren glänzenden Verstand unterschätzen,
auch wenn es den Anschein hat,
dass Sie nicht ganz bei der Sache sind.

11. Mai

Manche Dinge muss man in Frieden lassen ...
Der Mensch braucht Geheimnisse.

Lame Deer

Sie sind bestimmt anderer Meinung,
aber müssen Sie denn wirklich immer alles erforschen und wissen?

12. Mai

Der Mai ist gekommen,
die Bäume schlagen aus …

Volkslied

… da zieht es den Schützen zum Jagen hinaus.
Hinterlassen Sie aber bitte nicht so viele gebrochene Herzen!

13. *Mai*

Kleine Geschenke erhalten die Freundschaft.

Deutsches Sprichwort

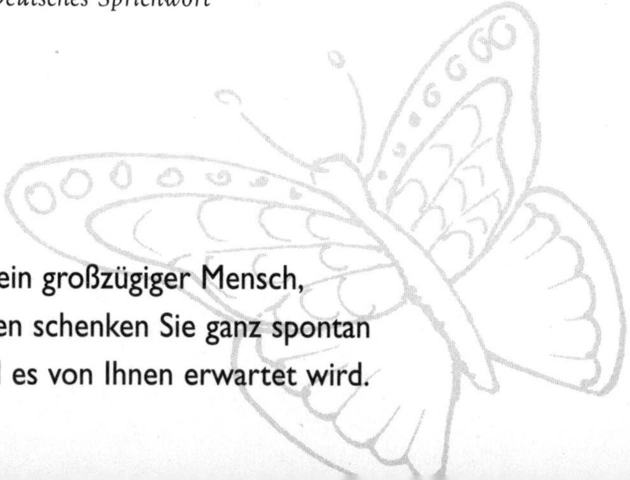

Sie sind ein großzügiger Mensch,
und am liebsten schenken Sie ganz spontan
und nicht weil es von Ihnen erwartet wird.

14. Mai

Der wahre Beruf des Menschen ist,
zu sich selbst zu kommen.

Hermann Hesse

**Die Stille ist ein guter Weg, um sich selbst zu finden.
Versuchen Sie es einmal mit Meditieren.**

15. Mai

♉

Beneiden heißt,
Unterlegenheit bekennen.

Claire Françoise Lespinass

Sie sind nicht wirklich neidisch, aber oft werden Sie beneidet, vor allem wegen Ihres guten Drahtes zum Glück.

16. *Mai*

Alle Reisen haben eine heimliche Bestimmung,
die der Reisende nicht kennt.

Martin Buber

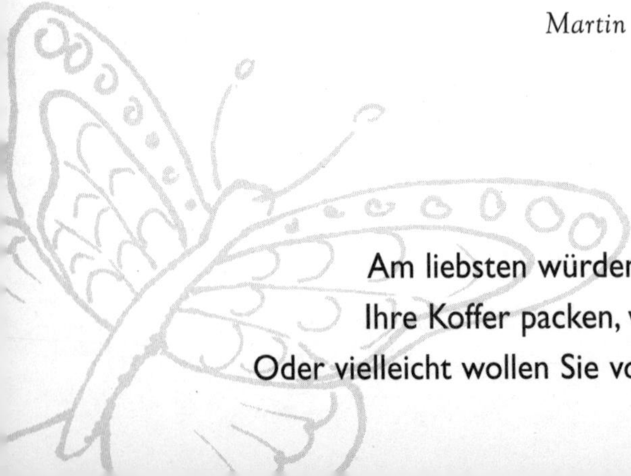

Am liebsten würden Sie schon wieder
Ihre Koffer packen, weil die Ferne ruft.
Oder vielleicht wollen Sie vor Ihren Problemen fliehen?

17. Mai

Die Angst ist der Fluch des Menschen.

Fjodor Dostojewski

Sie wären nicht so unruhig, wenn Sie Ihre Ängste, etwas zu verpassen, loslassen könnten.

18. Mai

Wohltun beginnt zu Hause.

Aus Großbritannien

**Bleiben Sie heute einmal zu Hause
und legen Sie einen Wohlfühlabend ein.**

19. Mai

Keine Stunde im Leben,
die man im Sattel verbringt, ist verloren.

Winston Churchill

**Der Schütze probiert gerne mal eine neue Sportart aus.
Haben Sie es schon mit Reiten versucht?**

20. Mai

Sei, was du scheinen willst!

Sokrates

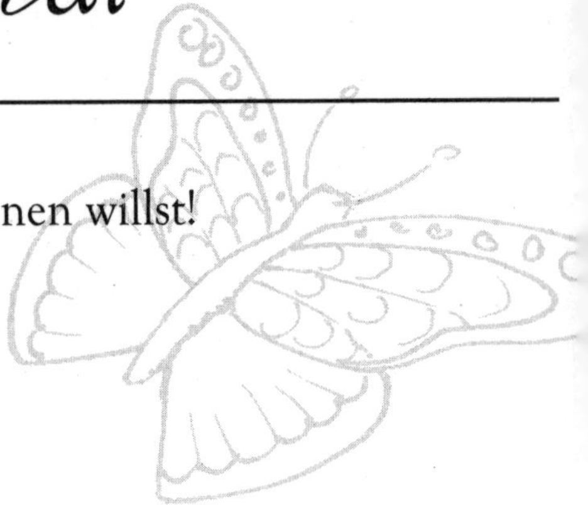

Es wird Ihnen nur dann wirklich gut gehen, wenn Sie der sind, der Sie sind.

21. Mai

♊

Gedankenlosigkeit tötet. Andere.

Stanislaw Jerzy Lec

Auch wenn Ihr sonniges Gemüt Ihnen über Peinlichkeiten hinweghilft:
Erst denken, dann reden!

22. Mai

♊

Die Welt hat so viele Mittelpunkte,
als es Menschen gibt.

Gerhard Szczesny

Auch wenn Sie es nicht unbedingt beabsichtigen, sind Sie nicht zuletzt durch Ihre Fröhlichkeit der Mittelpunkt in Ihrem Freundeskreis.

23. *Mai*

♊

Es ist nötiger, Menschen zu studieren,
als Bücher.

Aus Frankreich

Sie als Schütze beobachten andere genau. Das Verhalten der Menschen finden Sie immer wieder interessant und oft amüsant.

24. Mai

♊

Du kennst den Schützen,
suche keinen anderen.

Friedrich Schiller

Ja, mit einem liebenswerten Schützen an der Seite
weiß man, was man hat.

25. Mai

♊

Hartnäckige Übellaunigkeit ist
ein allzu klares Symptom dafür,
dass ein Mensch gegen seine Bestimmung lebt.

José Ortega y Gasset

Allzu oft leben Sie in Ihrer Fantasiewelt.
Denken Sie doch einmal ernsthaft darüber nach, wie Sie Ihr Leben
zum Positiven verändern können.

26. *Mai*

♊

Begeisterung allein ist nicht genug ...

Friedrich Schiller

Schreiten Sie zur Tat – nicht erst morgen, heute!

27. Mai

♊

Was Mäulchen nascht, muss Leibchen büßen.

Deutsches Sprichwort

Denken Sie daran, dass die Bikinizeit nicht mehr fern ist. Wie wäre es mit mehr Obst und weniger Schokolade?

28. Mai

♊

Einen Mensch lieben, heißt einwilligen,
mit ihm alt zu werden.

Albert Camus

Es kann bei Ihnen schon etwas länger dauern, bis Sie den richtigen Partner gefunden haben, so anspruchsvoll wie Sie sind. Aber ist er gefunden, ist es meist fürs ganze Leben.

29. Mai

♊

Reichtum hat Flügel.

Aus den USA

Mit dem lieben Geld ist es bei Ihnen so eine Sache.
Haben Sie es, müssen Sie es auch ganz schnell wieder ausgeben.

30. Mai

Könnt Ihr euch des Lachens enthalten, Freunde?

Horaz

**Sie lachen gerne und oft.
Hoffentlich nicht nur über andere.**

31. Mai

♊

Gelegenheit macht Verhältnisse,
wie sie Diebe macht.

Johann Wolfgang von Goethe

Zur richtigen Zeit die Gelegenheit beim Schopfe zu packen –
das gelingt Ihnen immer wieder.
Bedanken Sie sich bei Ihrem Glücksplaneten.

Juni

1. *Juni*

♊

Das Wesentliche auf dieser Welt ist unsichtbar.

Antoine de Saint-Exupéry

Verschenken Sie heute eine rote Rose.
So wird Liebe sichtbar.

2. Juni

Im Reiche der Wirklichkeit ist man nie so glücklich
wie im Reiche der Gedanken.

Arthur Schopenhauer

Es ist bekannt, dass der Schütze gerne in höheren Sphären schwebt, aber er hat auch die Gabe, seine Träume zu leben.

3. Juni

♊

Die Jugend wäre eine viel schönere Zeit,
wenn sie erst später im Leben käme.

Charlie Chaplin

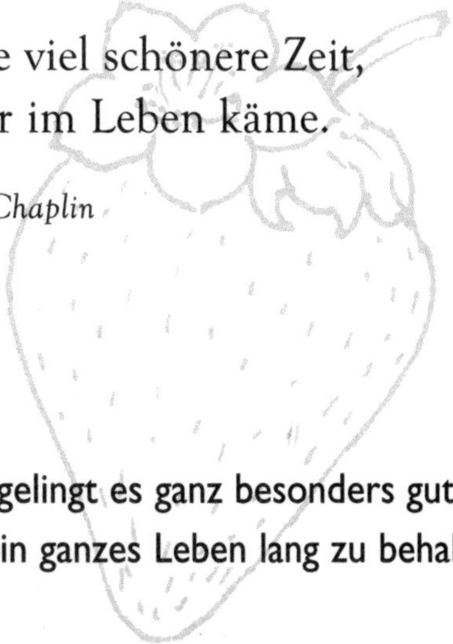

Menschen Ihres Sternzeichens gelingt es ganz besonders gut, die jugendliche Unbeschwertheit ein ganzes Leben lang zu behalten.

4. *Juni*

♊

Andere in Güte für uns gewinnen –
das muss unser Leitgedanke sein.

Abraham Lincoln

Durch Ihre warme Ausstrahlung haben Sie keine Probleme, Ihr Gegenüber für sich einzunehmen.

5. Juni

♊

Man muss das Gute tun,
damit es in der Welt sei.

Marie von Ebner-Eschenbach

Wie alle Feuerzeichen setzen Sie sich gerne für die Nöte anderer Menschen ein. Aber von dem „Wie und Wann“ haben Sie Ihre ganz eigenen Vorstellungen.

6. *Juni*

♊

Fröhlich sein, Gutes tun und die Spatzen pfeifen lassen.

Don Bosco

So sieht das ideale Leben eines Schützen aus.

7. Juni

Fasst frischen Mut! So lang ist keine Nacht,
dass endlich nicht der helle Morgen lacht.

William Shakespeare

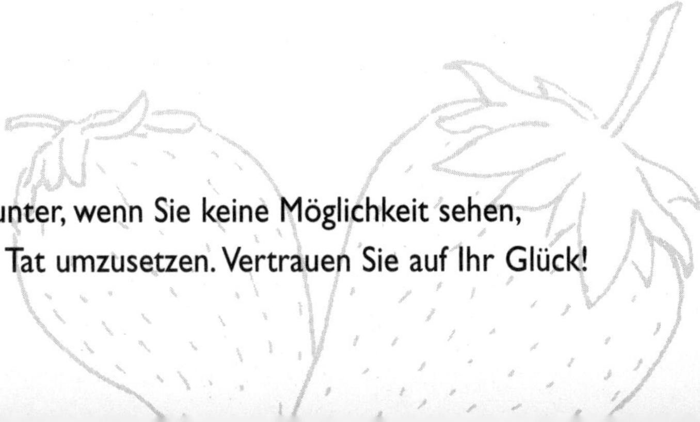

Sie leiden darunter, wenn Sie keine Möglichkeit sehen,
Ihre Visionen in die Tat umzusetzen. Vertrauen Sie auf Ihr Glück!

8. Juni

Wir lieben Menschen, die frisch heraus sagen,
was sie denken – falls sie dasselbe denken wie wir.

Mark Twain

Auf Kritik reagieren Sie etwas empfindlich.
Aber auch anderen Menschen steht es zu,
eine eigene Meinung zu haben.

9. Juni

♊

Wasser, Feuer und Frauen sagen niemals „genug“.

Aus Polen

**Für Sie, den großen Erforscher des Lebens,
ist auch genug nicht genug.**

10. *Juni*

♊

Viele Menschen versäumen das kleine Glück,
weil sie auf das große vergeblich warten.

Pearl S. Buck

**Vielleicht ist heute die erste Rose in Ihrem Garten erblüht.
Ist das nicht ein Grund zur Freude?**

11. *Juni*

Der Welt Schlüssel heißt Demut.
Ohne ihn ist alles Klopfen, Horchen, Spähen umsonst.

Christian Morgenstern

Es könnte eine lohnende Herausforderung für Sie sein,
auch Unangenehmes demütig anzunehmen.

12. *Juni*

♊

Erst wenn die Klugheit ihre Verschlagenheit verliert,
wird sie zur Weisheit.

Rabindranath Tagore

Der Schütze versucht immer wieder, seinen Horizont zu erweitern und sein Bewusstsein zu vertiefen – mit Herz und Verstand!

13. *Juni*

♊

Im Leben fängt man dann und wann
wieder mal von vorne an.

Wilhelm Busch

Sie haben schon wieder viel zu lange den gleichen Job?
Sie haben doch so viele Talente und wollen alle ausleben.
Worauf warten Sie?

14. Juni

Man weiß: Er zog seinen Hut vor den Hunden.

Günther Bruno Fuchs

Sie sind ausgesprochen tierlieb und am liebsten würden Sie sich einen kleinen Privatzoo halten.

15. Juni

Suse, liebe Suse, das ist eine Not!
Wer schenkt mir einen Groschen zu Zucker und Brot.

Kinderlied

Schon wieder ein leeres Bankkonto und erst Monatsmitte?
Sicher finden Sie einen lieben Freund, der Ihnen aus der Patsche hilft.

16. Juni

Halt an, wo läufst du hin, der Himmel ist in dir!

Angelus Silesius

Man nennt den Schützen auch den ewigen Wanderer.
Was suchen Sie wirklich? Vielleicht doch sich selbst?

17. *Juni*

♊

Immer horch ich, ob niemand mich ruft.

Paula Ludwig

Denn alleine zu Hause sitzen ist nicht Ihr Ding.
Sie hören den Ruf der Freunde, der Welt und des Lebens.

18. *Juni*

♊

Lache das Leben an!
Vielleicht lacht es wieder.

Jean Paul

**Gehen Sie heute einmal lächelnd durch Ihre Stadt,
es könnte spannend werden.**

19. Juni

♊

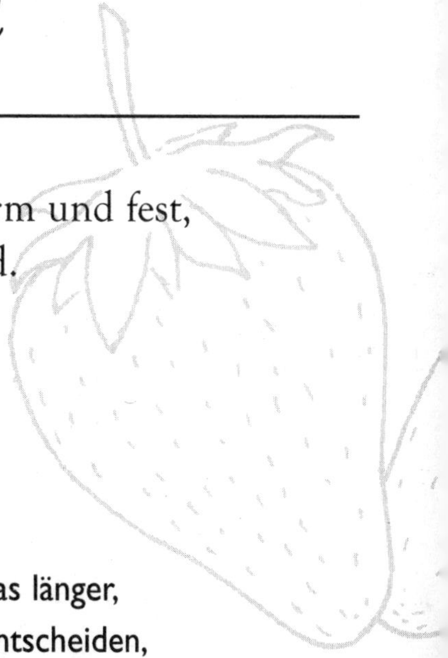

O’ dass ich dich fand, einzig warm und fest,
Hand in meiner Hand.

Ina Seidel

Es dauert bei Ihnen vielleicht etwas länger,
bis Sie sich für den Stand der Ehe entscheiden,
denn schließlich soll es ja für immer sein.

20. *Juni*

♊

Es ist noch kein Meister vom Himmel gefallen.

Deutsches Sprichwort

In allen Berufen, die mit Sprache zu tun haben,
könnten Sie es locker zur Meisterschaft bringen.

21. *Juni*

♊

Das macht, es hat die Nachtigall die ganze Nacht gesungen,
da sind von ihrem süßen Schall die Rosen aufgesprungen.

Theodor Storm

Solche Nächte darf ein Romantiker wie Sie einfach nicht versäumen.

22. Juni

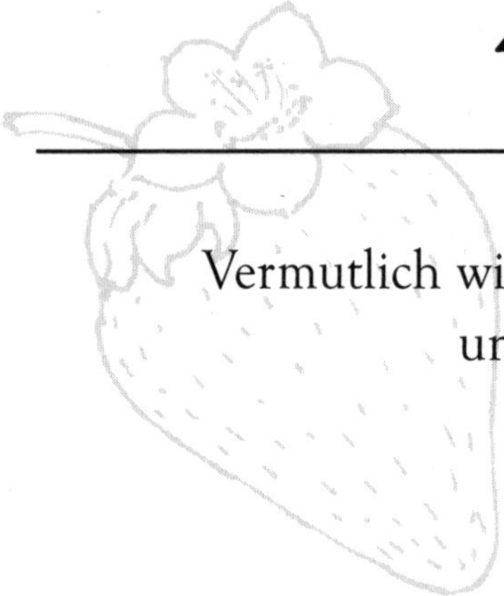

Vermutlich will die Frau ihr eigenes Leben leben
und der Mann das seine.

George Bernard Shaw

Das kann sehr gut funktionieren, wenn beide Ehepartner
das Sternzeichen Schütze haben.

23. Juni

Mein Gehirn treibt öfters wunderbare Blasen auf.

Friedrich Schiller

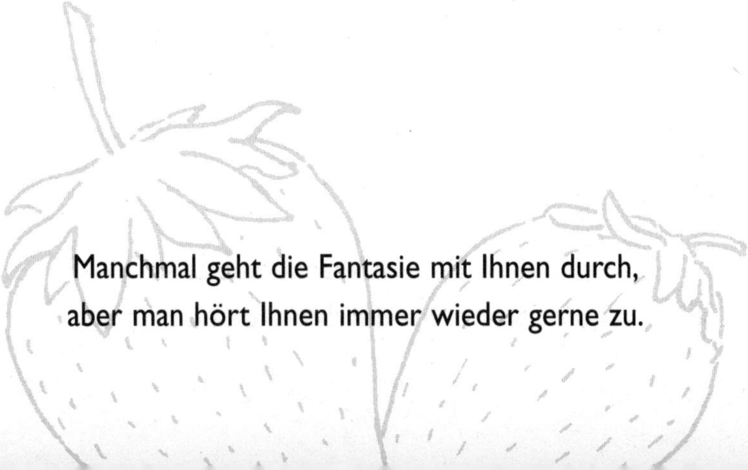

Manchmal geht die Fantasie mit Ihnen durch,
aber man hört Ihnen immer wieder gerne zu.

24. Juni

Sonne kann nicht ohne Schein,
Mensch nicht ohne Liebe sein.

Johann Wolfgang von Goethe

Sicher haben Sie eine ganz ausgefallene Idee,
wie Sie heute einem Menschen Ihre Liebe zeigen können.

25. Juni

Mancher schießt ins Blaue
und trifft doch ins Schwarze.

Volksmund

Das kann bei einem Schützen des Öfteren vorkommen –
es sei ihm gegönnt.

26. *Juni*

Unsere Zeit ist ein großer Wecker.
Die große eiserne Wanduhr rasselt
und ruft mit gewaltigen Schlägen.

Johann Gottfried Herder

Wann haben Sie sich das letzte Mal eine Auszeit gegönnt?

27. *Juni*

Blick in dein Inneres! Dort ist die Quelle des Guten,
und wenn du immer nachgräbst,
kann sie immer hervorsprudeln.

Marc Aurel

**Tief in Ihrem Herzen befindet sich ein kostbarer Schatz.
Gehen Sie großzügig damit um.**

28. Juni

Je näher wir der Natur sind,
desto näher fühlen wir uns der Gottheit.

Matthias Claudius

**Ziehen Sie Ihre Wanderstiefel an
und streifen Sie durch Wald und Feld.**

29. Juni

Wer nicht lächeln kann,
sollte keinen Laden aufmachen.

Aus China

Durch Ihr fröhliches, aufgeschlossenes Wesen
können Sie es durchaus schaffen, selbst Ladenhüter
noch an den Mann bringen.

30. *Juni*

Ein Freund ist ein Mensch, der dich mag,
obwohl er dich kennt.

Verfasser unbekannt

Aber vergessen Sie nicht, dass Freundschaften
auch gepflegt werden möchten!

Juli

1. Juli

Allein sein ist schön, wenn man allein sein will,
nicht wenn man es muss.

Anette Kolb

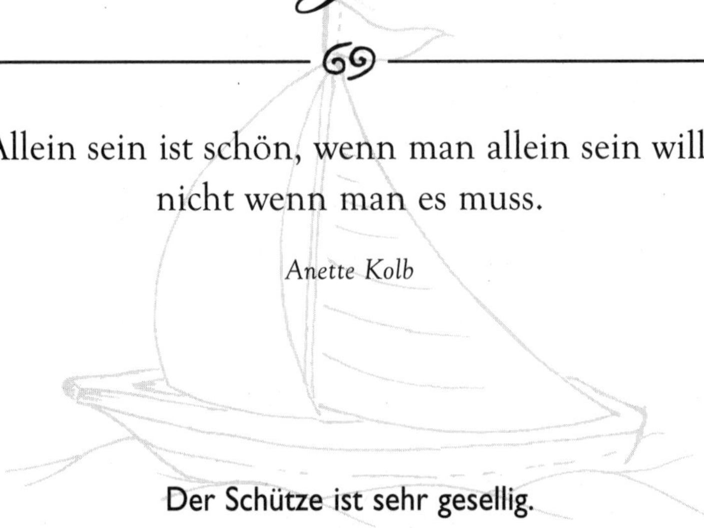

Der Schütze ist sehr gesellig.
Der Wunsch nach dem Alleinsein kommt erst in späteren Jahren.

2. *Juli*

Das Suchen und der Weg sind wichtiger,
als dass man wirklich etwas findet.

Yehudi Menuhin

Das ist auch Ihr Leitmotiv:
Die Reise ist das Ziel!

3. *Juli*

Wär' nicht ein Mann gekommen,
der sich ein Herz genommen – o weh!

Friedrich Güll

Unangenehmes muss leider auch erledigt werden. Gehen Sie es mutig an!

4. Juli

Der Verliebte hat keine Zeit,
geistreich zu sein.

Stendhal

Selbst für einen verliebten Schützen ist es wichtig, dass er mit seinem Gegenüber geistreiche Gespräche führen kann.

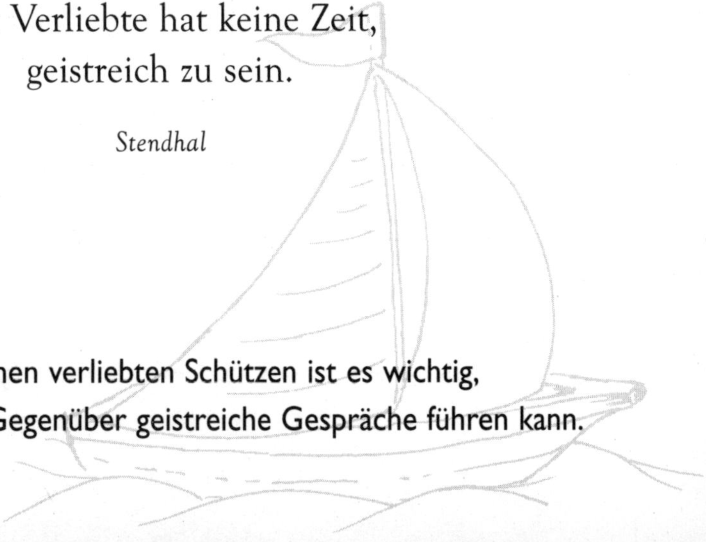

5. *Juli*

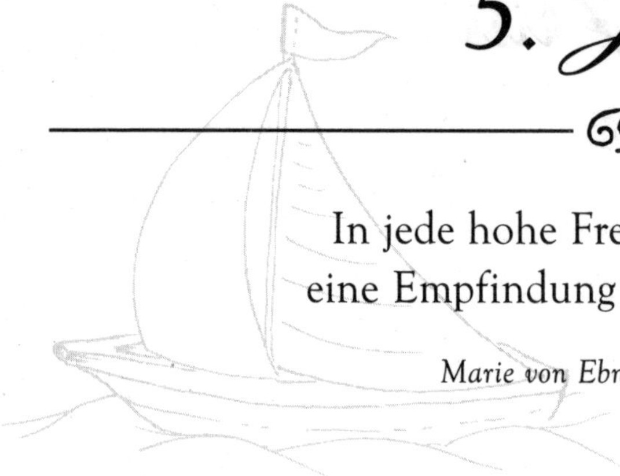

In jede hohe Freude mischt sich
eine Empfindung der Dankbarkeit.

Marie von Ebner-Eschenbach

**Haben Sie schon einmal daran gedacht,
sich für Ihr Leben zu bedanken?**

6. Juli

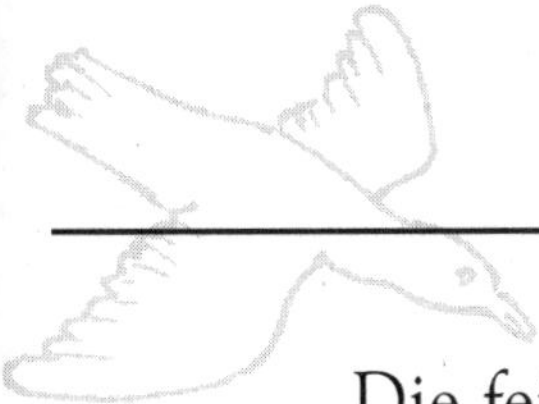

Die feine Verführung schleicht in mein Blut,
und unschlüssig wälze ich Reisepläne.

Fernando Pessoa

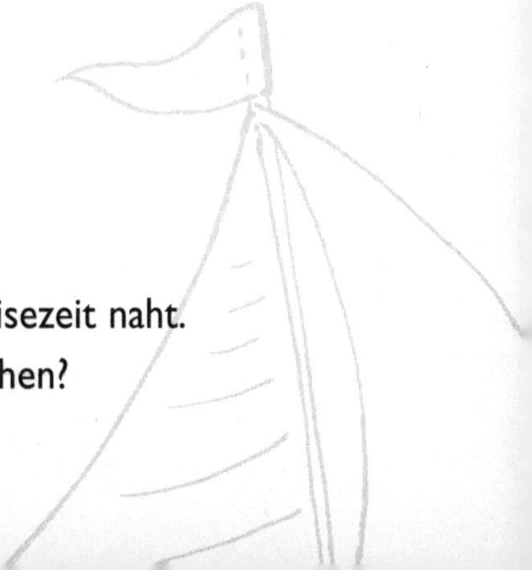

**Ihr Herz schlägt höher, wenn die Reisezeit naht.
Wohin soll's denn diesmal gehen?**

7. Juli

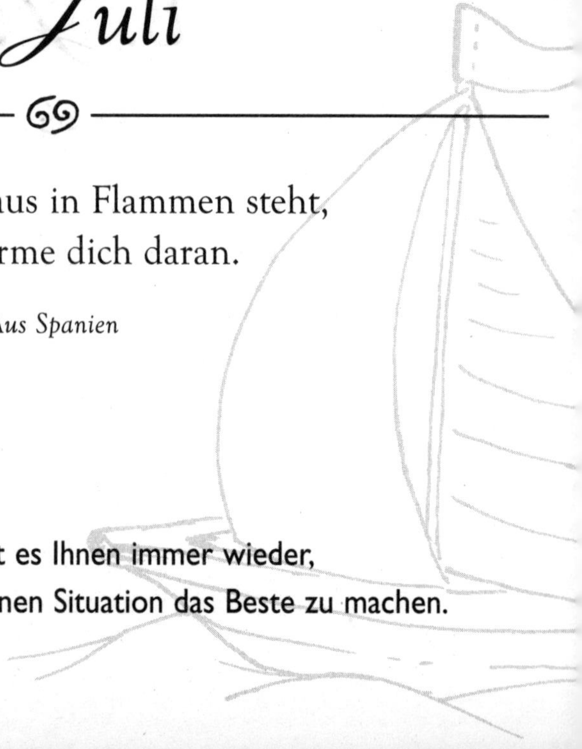

Wenn dein Haus in Flammen steht,
dann wärme dich daran.

Aus Spanien

Irgendwie gelingt es Ihnen immer wieder,
aus jeder noch so verfahrenen Situation das Beste zu machen.

8. Juli

Der Schlaf ist für den Menschen,
was das Aufziehen für die Uhr ist.

Arthur Schopenhauer

**Sie machen gerne einmal die Nacht zum Tage.
Denken Sie daran: Auch Sie brauchen ausreichend Schlaf.**

9. *Juli*

An des anderen Vorteil denken wird zum eigenen werden.

Aus China

Tun Sie heute einem lieben Freund einen Gefallen, einfach so.
Tut Ihnen das nicht auch gut?

10. Juli

Blumen sind das Lachen der Erde.

Ralph Waldo Emerson

Beschenken Sie sich doch einmal selbst, zum Beispiel mit einem wunderschönen Sommerblumenstrauß.

11. Juli

Abwechslung ist die Würze des Lebens.

Aus den USA

Mit dem täglichen Trott können Sie nichts anfangen. Sie wollen in Bewegung bleiben und Abwechslung gehört zu Ihrem Leben dazu.

12. Juli

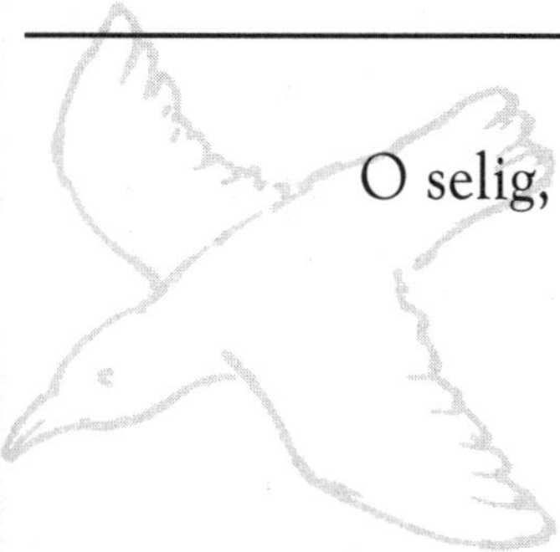

O selig, o selig, ein Kind noch zu sein!

Gustav Albert Lortzing

Leute, die Ihnen sagen, dass Sie verantwortungsbewusst und erwachsen werden sollen, gehören nicht zu Ihren Freunden.

13. Juli

Mit Tugend und Ruhe kann man die Welt erobern.

Laotse

Lernen Sie die Kraft der Stille kennen.
Vieles lässt sich dann leichter ertragen.

14. Juli

Unverhofft wird zu dir
die glückliche Stunde einst kommen.

Horaz

Schön, dass Sie so optimistisch und idealistisch durchs Leben gehen und immer offen sind für alle Überraschungen.

15. Juli

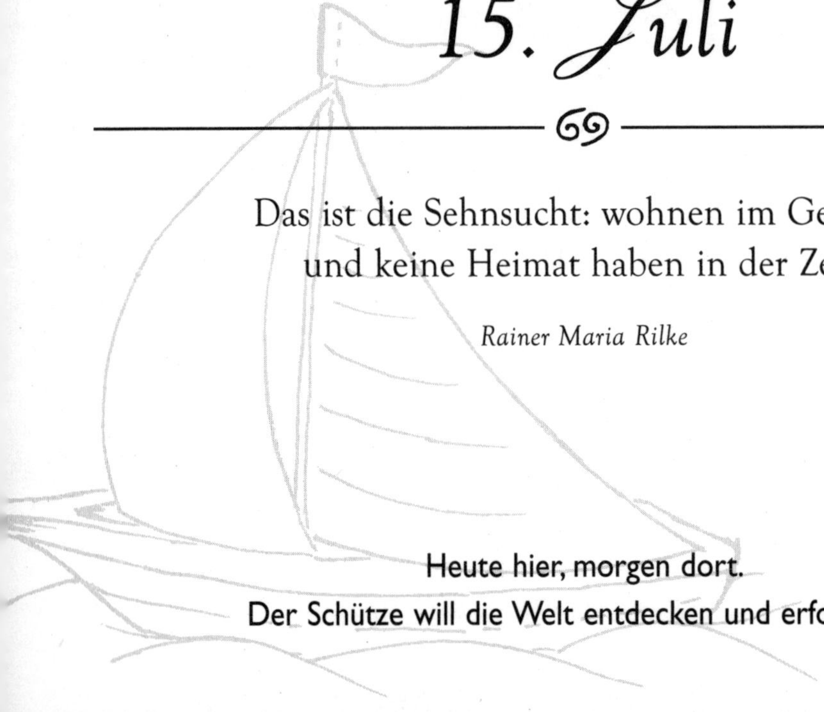

Das ist die Sehnsucht: wohnen im Gewoge,
und keine Heimat haben in der Zeit.

Rainer Maria Rilke

Heute hier, morgen dort.
Der Schütze will die Welt entdecken und erforschen.

16. Juli

Mein lieber Bruder, wann bauen wir uns ein Floß
und fahren den Himmel hinunter?

Ingeborg Bachmann

**Sie haben die Kühnheit, auch das zu wagen,
was anderen unmöglich scheint.**

17. Juli

Plötzlich waren die Kirschen da,
obgleich ich vergessen hatte, dass es Kirschen gibt ...

Günter Grass

Sie haben doch nicht schon wieder den Geburtstag eines Freundes vergessen?

18. Juli

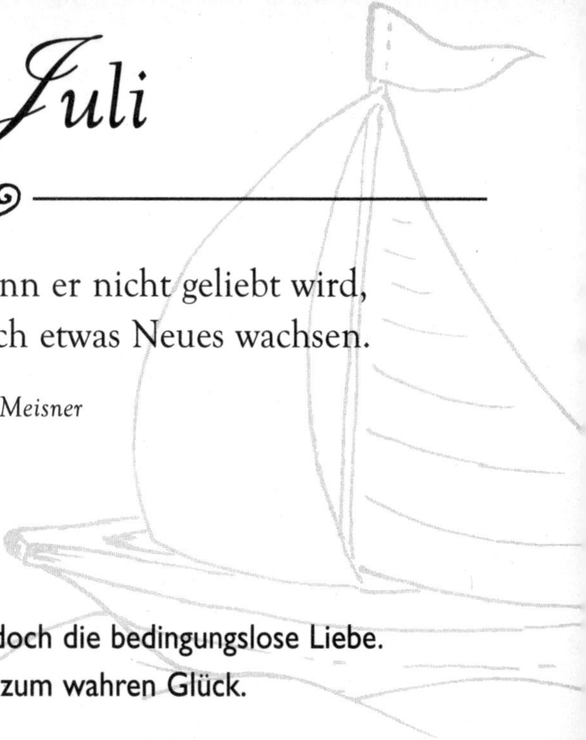

Wer etwas liebt, auch wenn er nicht geliebt wird,
der lässt auf Erden endlich etwas Neues wachsen.

Joachim Meisner

**Lieber Schütze, entdecken Sie doch die bedingungslose Liebe.
Sie ist der Schlüssel zum wahren Glück.**

19. *Juli*

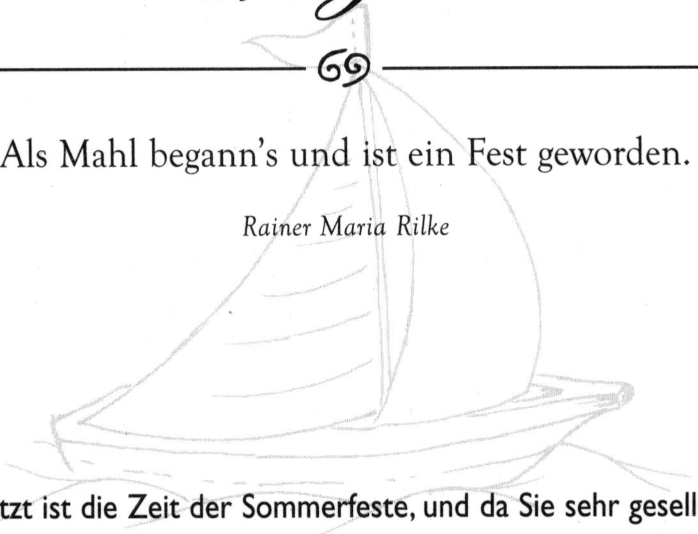

Als Mahl begann's und ist ein Fest geworden.

Rainer Maria Rilke

Jetzt ist die Zeit der Sommerfeste, und da Sie sehr gesellig und charmant sind, werden Sie immer gerne dazu eingeladen.

20. *Juli*

Fang deine Arbeit munter an,
so ist sie auch schon halb getan.

Friedrich Rückert

Sie haben sich eine Belohnung verdient, wenn Sie eine unangenehme Arbeit noch heute erledigen.

21. *Juli*

Solange man bewundern und lieben kann,
ist man immer jung.

Pablo Casals

Sie wirken immer jung, wenn Sie Ihre Lebensfreude
nach außen verströmen.

22. *Juli*

♋

Ein gesunder Mensch ohne Geld ist halb krank.

Johann Wolfgang von Goethe

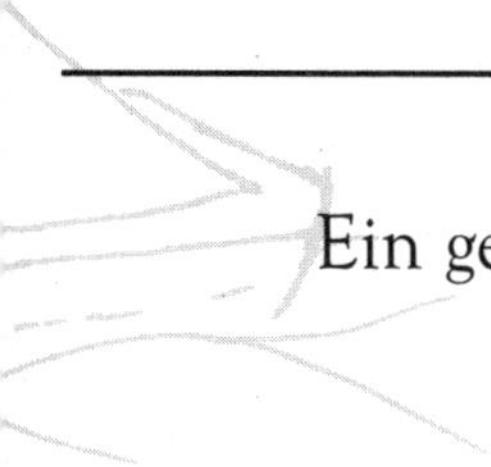

Es fällt Ihnen oft schwer, Ihr Geld beisammen zu halten.
Das ist ein leidiges Problem Ihres Sternzeichens.
Bleiben Sie gelassen!

23. *Juli*

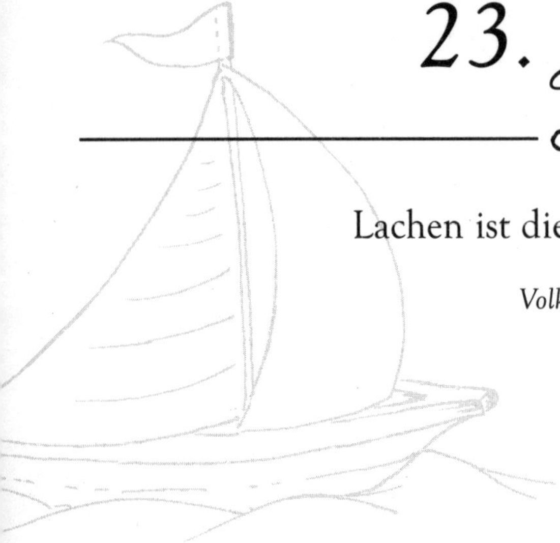

Lachen ist die beste Medizin.

Volksmund

Zu Ihrem sprichwörtlichen Glück haben Sie auch noch eine Portion Humor dazubekommen. Sind Sie nicht zu beneiden?

24. *Juli*

Die Kunst des Ausruhens
ist ein Teil der Kunst des Arbeitens.

John Steinbeck

Der Schütze lässt sich nur zu gerne von seiner Arbeit ablenken. Beschränken Sie sich lieber auf eine kurze Pause.

25. Juli

Die Ehe ist das einzige Abenteuer,
in das sich auch Feige stürzen.

Voltaire

Wenn Sie einen Partner gefunden haben, der Ihnen eine lange Leine lässt, werden Sie sich gerne in dieses Abenteuer stürzen.

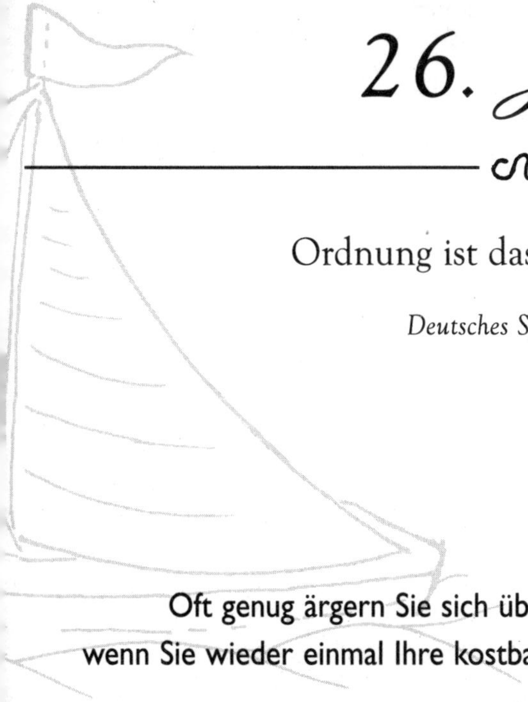

26. Juli

Ordnung ist das halbe Leben.

Deutsches Sprichwort

Oft genug ärgern Sie sich über Ihre eigene Unordnung,
wenn Sie wieder einmal Ihre kostbare Zeit mit Suchen verplempern.

27. Juli

Es ist schon Glück,
nicht das Pech der anderen zu haben.

Klaus Klages

Ohne Ihr Zutun hat der Freund eines Freundes
Ihnen einen Job angeboten. So läuft's beim Schützen eben!

28. Juli

Ein guter Einfall ist wie ein Hahn am Morgen,
gleich krähen andere Hähne mit.

Karl Heinrich Waggerl

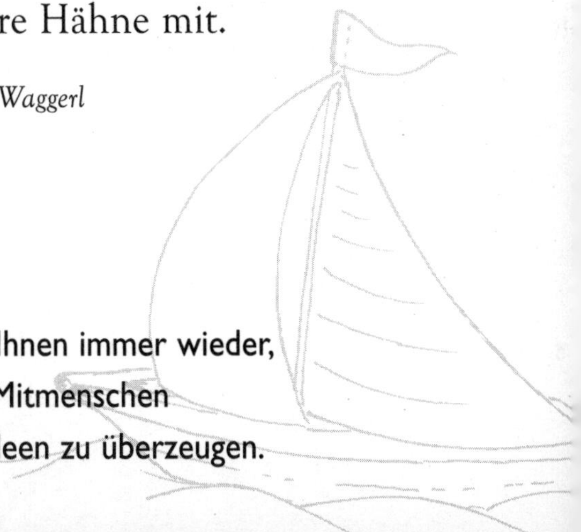

**Mit Leichtigkeit gelingt es Ihnen immer wieder,
Ihre Freunde und Mitmenschen
von Ihren ausgefallenen Ideen zu überzeugen.**

29. *Juli*

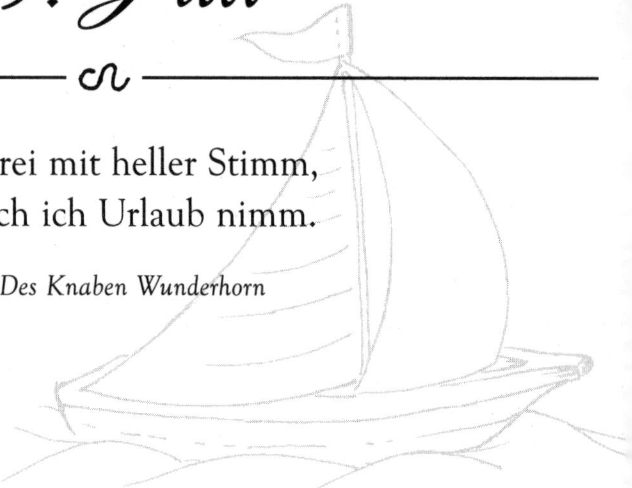

Ich schrei mit heller Stimm,
von euch ich Urlaub nimm.

Aus: Des Knaben Wunderhorn

Endlich Urlaub, da gibt's kein Halten mehr!
Hinaus in die weite Welt, sie will entdeckt werden.

30. Juli

Je stärker der Donner war,
je fruchtbarer wird das Jahr.

Deutsches Sprichwort

Blitz und Donner haben etwas Faszinierendes für Sie.
Kein Wunder, denn Sie sind im Zeichen des Feuers geboren.

31. Juli

Niemand weiß, wie weit seine Kräfte gehen,
bis er sie versucht hat.

Johann Wolfgang von Goethe

**Es gibt Ihnen großes Selbstvertrauen,
wenn Sie hin und wieder bis an Ihre Grenzen gehen.**

August

1. August

Bei einem Wirte wundermild,
da war ich einst zu Gaste.

Ludwig Uhland

Sie sind bestimmt unter den ersten Gästen, wenn in Ihrer Umgebung ein neues Restaurant eröffnet wird.

2. August

Was du nicht willst, das man dir tu',
das füge keinem andern zu.

Deutsches Sprichwort

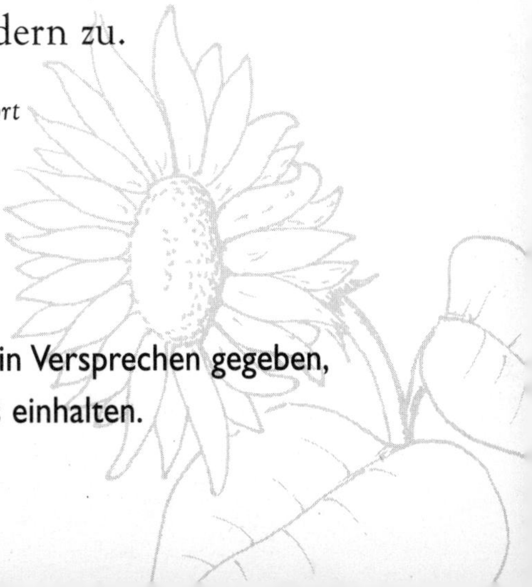

Wieder einmal haben Sie leichtfertig ein Versprechen gegeben,
hoffentlich können Sie es einhalten.

3. August

Ich bin nicht bloß selbst witzig,
sondern auch Ursache, dass andere Witz haben.

William Shakespeare

Sie verstehen es wie kein anderes Sternzeichen,
Ihre amüsanten Geschichten mit lebhaften Gesten zu erzählen.

4. August

Die Liebe ist das Gewürz des Lebens.
Sie kann es versüßen, aber auch versalzen.

Konfuzius

Der Bogen wird gespannt und dann schießen Sie
Ihre Liebespfeile ab. Wie es weitergeht, ist im Moment nicht wichtig.

5. August

Bin ich meinem Amte in der Tat nicht gewachsen,
so ist der Chef zu tadeln, der es mir anvertraut.

Friedrich Schiller

Seien Sie ehrlich: Mit Kritik können Sie nicht so gut umgehen,
und an einem Fehler ist ganz bestimmt ein anderer Schuld.

6. August

Wenn Güte von uns ausgeht,
werden wir auch Güte erfahren.

Aus China

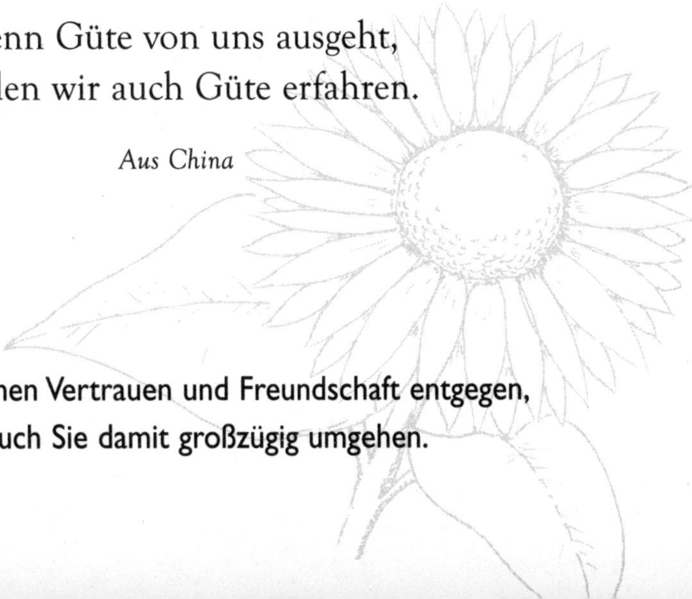

Man bringt Ihnen Vertrauen und Freundschaft entgegen, weil auch Sie damit großzügig umgehen.

7. August

Ohne Schatten gibt es kein Licht,
man muss auch die Nacht kennen lernen.

Albert Camus

Auch der liebenswerteste Schütze hat seine Schattenseiten.
Sie zu erkennen und zu akzeptieren, fällt Ihnen mitunter schwer.

8. August

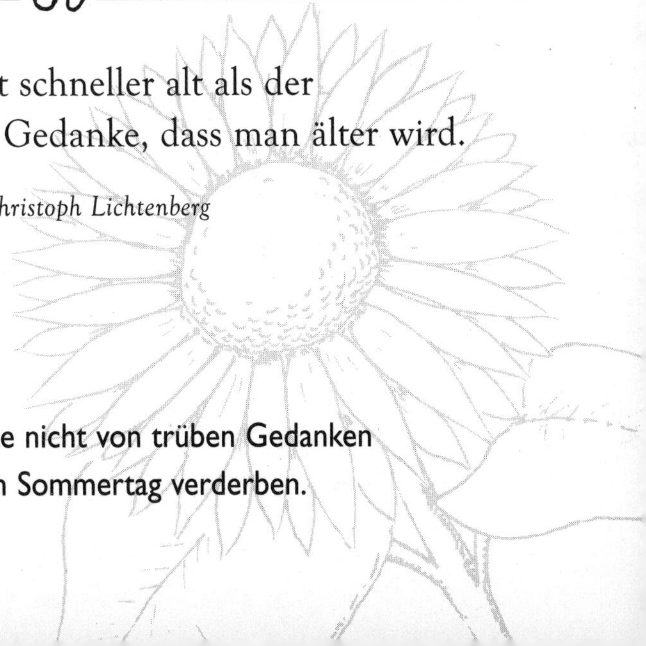

Nichts macht schneller alt als der
immer vorschwebende Gedanke, dass man älter wird.

Georg Christoph Lichtenberg

Lassen Sie sich heute nicht von trüben Gedanken diesen schönen Sommertag verderben.

9. August

Der gute Vorsatz ist ein Gaul, der oft gesattelt,
aber selten geritten wird.

Aus Mexiko

**Oft schieben Sie unangenehme Dinge auf die lange Bank –
in der Hoffnung, sie würden sich irgendwann von selbst erledigen.**

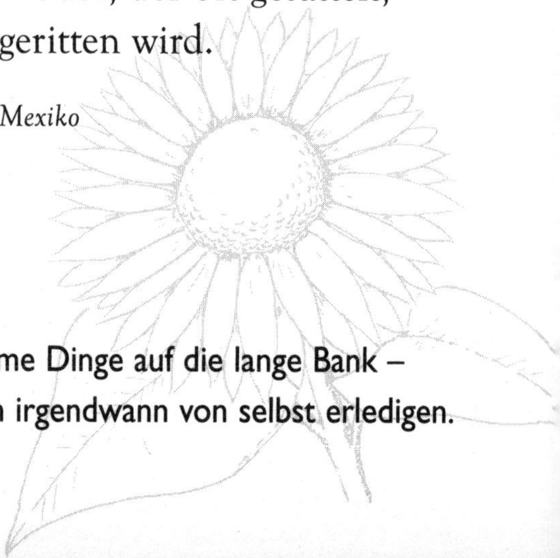

10. August

Das Wahre wärt.

Deutsches Sprichwort

Manchmal kostet es sehr viel Kraft, die Wahrheit auszusprechen, aber es ist der einzige Weg!

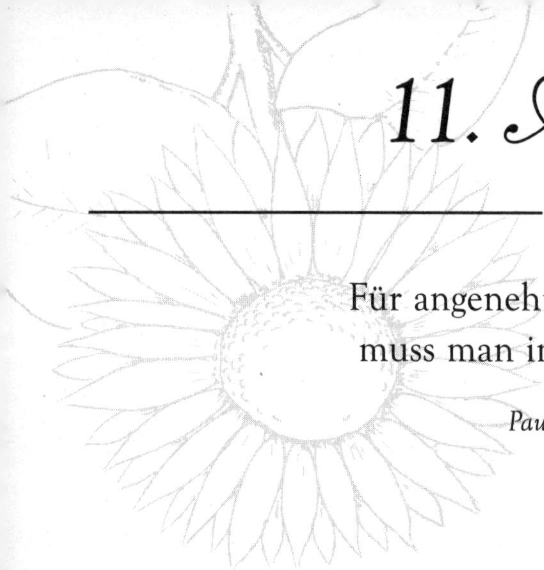

11. August

Für angenehme Erinnerungen
muss man im Voraus sorgen.

Paul Hörbiger

Damit Ihr geplantes Fest für alle unvergesslich wird,
fangen Sie lieber rechtzeitig mit den Vorbereitungen an.

12. August

Die Familie ist die älteste aller Gemeinschaften
und die natürlichste.

Jean-Jacques Rousseau

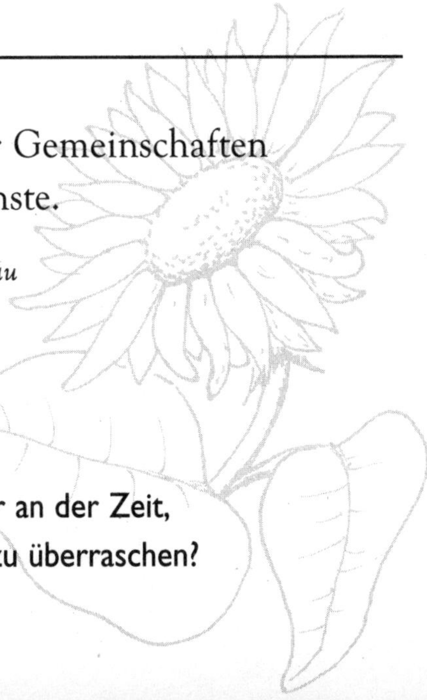

**Wäre es nicht einmal wieder an der Zeit,
Ihre Eltern mit einem Besuch zu überraschen?**

13. August

Die Undankbarkeit ist eine Tochter des Stolzes.

Miguel de Cervantes

Ein herzliches Dankeschön für eine gute Tat auszusprechen, ist für Sie eine Selbstverständlichkeit.

14. August

Der Schauspieler muss sein Geheimnis haben
und er muss es bewahren können ...

Max Reinhardt

Der Schütze spielt gerne verschiedene Rollen,
er liebt es, sich zu verwandeln. Er ist der ewige Schauspieler.

15. August

Mitfreude, nicht Mitleiden macht den Freund.

Friedrich Nietzsche

In guten und in schlechten Zeiten
können sich Ihre Freunde auf Sie verlassen.

16. August

Gehe zuversichtlich in die Richtung deiner Träume.
Lebe das Leben, das du dir vorgestellt hast.

Henry David Thoreau

Wenn Ihr Leben so gar nicht
mit Ihren Wünschen und Träumen übereinstimmt,
sollten Sie sich überlegen, was Sie verändern möchten.

17. August

Wer glücklich ist, macht auch andere glücklich.

Anne Frank

Geben und Nehmen sollten sich immer die Waage halten.

18. August

Morgen für Morgen kommt man zur Welt.

Eugène Ionesco

Jeder Tag ist ein neuer Anfang und ein neues Glück.

19. August

Nichts lässt die Erde so geräumig erscheinen,
als wenn man Freunde in der Ferne hat.

Henry David Thoreau

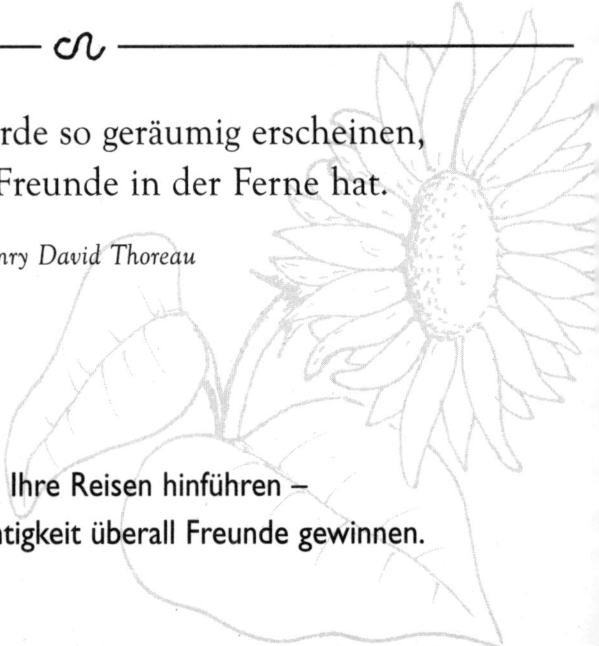

Egal, wo Sie Ihre Reisen hinführen –
Sie werden mit Leichtigkeit überall Freunde gewinnen.

20. August

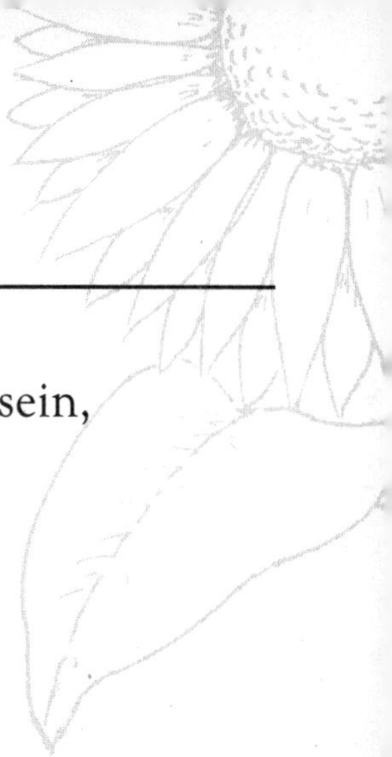

Die Vergangenheit sollte ein Sprungbrett sein,
nicht ein Sofa.

Harold Macmillan

Sie haben sich lange genug auf Ihren Lorbeeren ausgeruht.
Jetzt könnten Sie eigentlich wieder eine neue Herausforderung annehmen.

21. August

Macht euch vertraut mit der Natur,
erkennt sie als eure Mutter …

Ludwig Feuerbach

Ihr Leben kann ganz schön aufregend sein.
Ein Spaziergang im Wald lässt Sie nicht nur zur Ruhe kommen,
sondern Sie können auch Ihre Sorgen dort zurücklassen.

22. August

Noch nie hat ein Pessimist die Geheimnisse
der Sterne entdeckt oder ist
in ein unbekanntes Land gesegelt.

Helen Keller

**Seien Sie dankbar, dass Sie als Schütze
der geborene Optimist sind.**

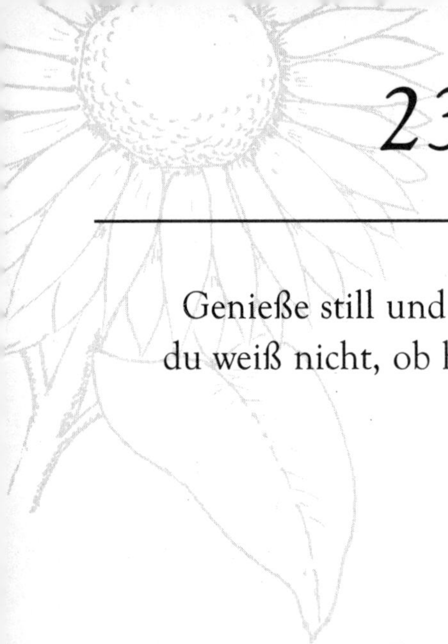

23. August

Genieße still und zufrieden den sonnig heiteren Tag,
du weiß nicht, ob hienieden ein gleicher kommen mag.

Julius Sturm

Einen schönen Tag zu genießen,
fällt Ihnen ganz und gar nicht schwer,
und morgen kann kommen, was will.

24. August

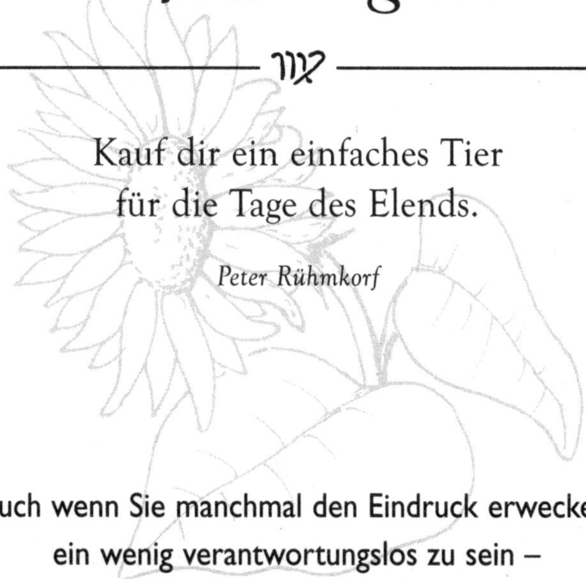

Kauf dir ein einfaches Tier
für die Tage des Elends.

Peter Rühmkorf

Auch wenn Sie manchmal den Eindruck erwecken,
ein wenig verantwortungslos zu sein –
Ihr geliebtes Haustier werden Sie nie vergessen.

25. August

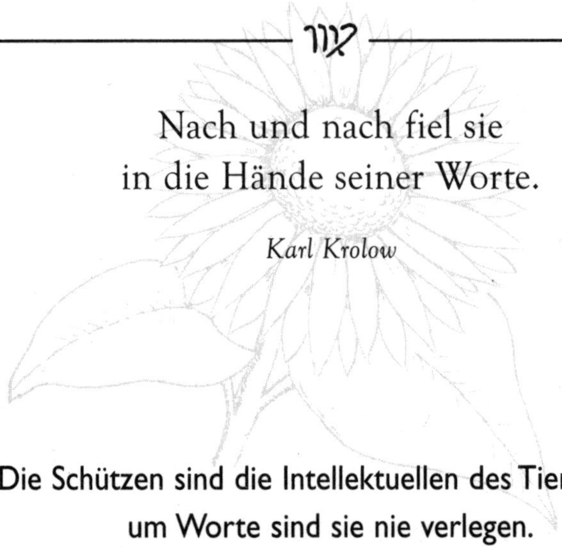

Nach und nach fiel sie
in die Hände seiner Worte.

Karl Krolow

Die Schützen sind die Intellektuellen des Tierkreises,
um Worte sind sie nie verlegen.

26. August

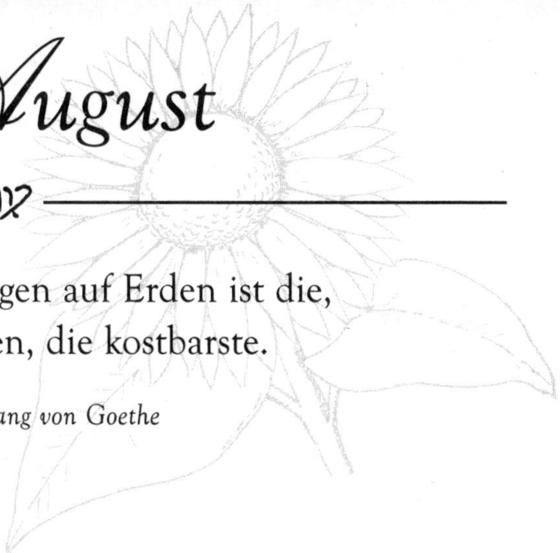

Unter allen Besitzungen auf Erden ist die,
ein Herz zu haben, die kostbarste.

Johann Wolfgang von Goethe

Durch Ihre liebevolle Art
erreichen Sie die Herzen Ihrer Mitmenschen.
Gehen Sie behutsam mit dieser Gabe um.

27. August

קוו

Freut euch des Lebens, weil noch das Lämpchen glüht,
pflücket die Rose, eh sie verblüht!

Johann Martin Usteri

**Es heißt, Sie seien das Sternzeichen,
das die meiste Lebensfreude versprüht.**

28. August

Humor ist der Knopf, der verhindert,
dass uns der Kragen platzt.

Joachim Ringelnatz

Über die kleinen Missgeschicke des Lebens herzhaft zu lachen, fällt Ihnen nicht schwer.

29. August

Die immer lieben, haben nicht die Muße,
sich zu beklagen und sich unglücklich zu finden.

Joseph Joubert

Wie wäre es, wenn Sie sich von ganzem Herzen in die Liebe verlieben?

30. August

Das Glück ist das Einzige, was sich verdoppelt,
wenn man es teilt.

Albert Schweizer

**Sie haben heute etwas Wunderbares erlebt?
Lassen Sie doch Ihren besten Freund an dieser Freude teilhaben.**

31. August

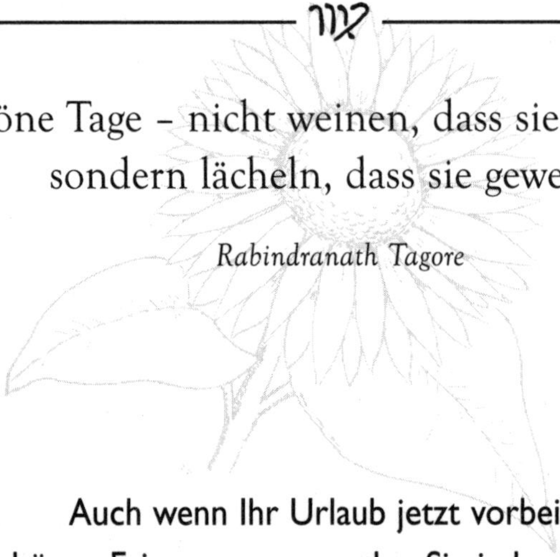

Schöne Tage – nicht weinen, dass sie vergangen,
sondern lächeln, dass sie gewesen.

Rabindranath Tagore

Auch wenn Ihr Urlaub jetzt vorbei ist,
die schönen Erinnerungen werden Sie jeden Tag begleiten.

September

1. September

אור

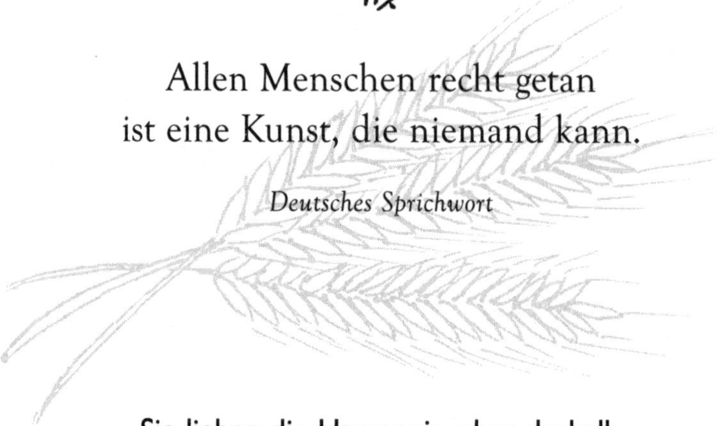

Allen Menschen recht getan
ist eine Kunst, die niemand kann.

Deutsches Sprichwort

Sie lieben die Harmonie, aber deshalb
müssen Sie noch lange nicht Ihre eigene Meinung zurückhalten.

2. September

♍

Das sind gefährliche Katzen,
die vorne lecken, hinten kratzen.

Georg Rollenhagen

Das ist ein großes Plus für Sie: Intrigen und Falschheit liegen nicht auf Ihrer Linie.

3. September

אוו

Spieglein, Spieglein an der Wand,
wer ist die Schönste im ganzen Land?

Gebrüder Grimm

Liebe Schütze-Frau, Sie verbinden Bequemlichkeit mit Eleganz und kleiden sich gerne einfach nach Lust und Laune.

4. September

Das Leben ist bezaubernd, man muss es nur
durch die richtige Brille ansehen.

Alexandre Dumas

Und weil Sie schon wieder verliebt sind,
ist eine rosarote Brille genau die richtige Brille für Sie.

5. September

Im Nebel ruhet noch die Welt,
noch träumen Wald und Wiesen ...

Eduard Mörike

So wie die morgendlichen Septembernebel lösen sich oft auch die Nebel in Ihrem Leben ganz von selbst.

6. September

Nach einer guten Mahlzeit kann man allen verzeihen,
selbst seinen eigenen Verwandten.

Oscar Wilde

**Ihre Mutter hat Ihnen Ihr Lieblingsessen gekocht.
Vergessen Sie doch einfach, dass Sie sich gestern über sie geärgert haben.**

7. September

קוו

Wer noch einen Wurf übrig hat,
hat nicht alles verloren.

Aus Frankreich

Sie, lieber Schütze, haben das Glück auf Ihrer Seite
und gehören zu den Gewinnern.

8. September

Solange das Leben da ist,
gibt es auch Glück.

Leo Tolstoi

Entdecken Sie die Glücksquelle in sich selbst –
sie wird nie versiegen.

9. *September*

אור

Die Liebe ist der Endzweck der Weltgeschichte,
das Amen des Universums.

Novalis

Vergessen Sie niemals, dass die Liebe
auch die Quelle Ihres Lebens ist.

10. September

Gesundheit schätzt man erst,
wenn man sie verloren hat.

Volksmund

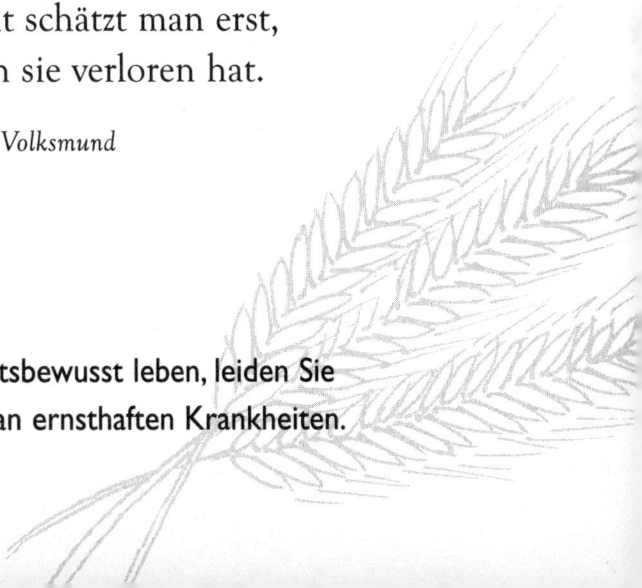

Da Sie gesundheitsbewusst leben, leiden Sie auch nicht so oft an ernsthaften Krankheiten.

11. *September*

קוו

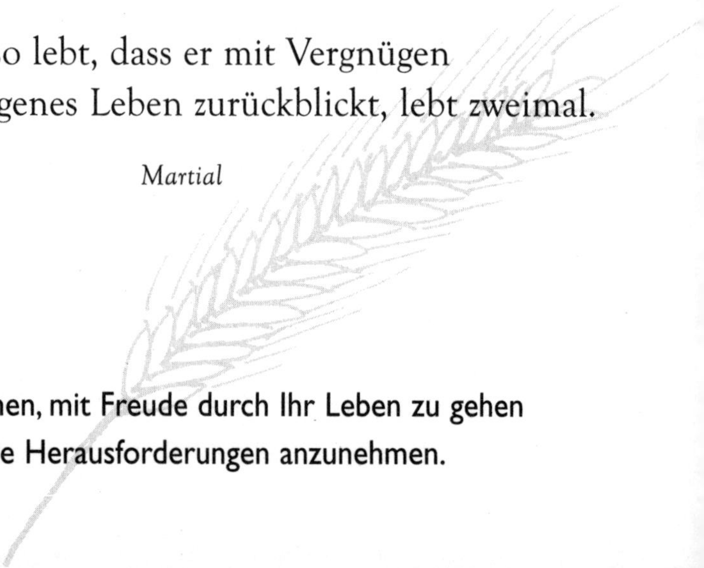

Wer so lebt, dass er mit Vergnügen
auf sein vergangenes Leben zurückblickt, lebt zweimal.

Martial

**Es gelingt Ihnen, mit Freude durch Ihr Leben zu gehen
und alle Herausforderungen anzunehmen.**

12. September

Der Sommer, der vergeht, ist wie ein Freund,
der uns Lebewohl sagt.

Victor Hugo

Dann ist es gut, sich mit dem Herbst anzufreunden.
Wie wäre es mit einer Bergwanderung?

13. September

Nicht viel lesen, sondern gut Ding viel und oft lesen, macht fromm und klug dazu.

Martin Luther

Anspruchsvolle Lektüre, die zum Nachdenken und Diskutieren anregt, ist für Sie lebenswichtig.

14. September

Ein Geschenk ist genauso viel wert, wie die Liebe,
mit der es ausgesucht worden ist.

Thyde Monnier

Oft kann auch ein liebevolles Wort
zur rechten Zeit ein kostbares Geschenk sein.

15. September

Man braucht zwei Jahre, um sprechen zu lernen,
und 50 Jahre, um schweigen zu lernen.

Ernest Hemingway

Für Sie als großen Redner wäre es doch einmal
eine Herausforderung, einen Tag lang zu schweigen.

16. September

Ich glaube, dass Krankheiten Schlüssel sind,
die uns gewisse Tore öffnen können. Denn ich glaube,
es gibt gewisse Tore, die nur die Krankheit öffnen kann.

André Gide

**Sie sind verschnupft? Mit anderen Worten: Sie haben die Nase voll?
Finden Sie heraus, wovon Sie die Nase so voll haben!**

17. September

Es ist klug und kühn,
dem unvermeidlichen Übel entgegenzugehen.

Johann Wolfgang von Goethe

Warum schieben Sie schon wieder
Unangenehmes auf die lange Bank?
Ihre Klugheit spricht eigentlich dagegen.

18. September

Mit einem Menschen, der nur Trümpfe hat,
kann man nicht Karten spielen.

Friedrich Hebbel

Der Schütze ist ein Glückskind und seine Gewinne
verteilt er gerne unter seinen Freunden.

19. September

Von Zeit zu Zeit muss man einmal sündigen,
sonst verliert man den Spaß an der Tugend.

Ilona Bodden

Haben Sie kein schlechtes Gewissen,
wenn Sie hin und wieder eine kleine Dummheit begehen!

20. September

Wenn nur was käme
und mich mitnähme!

Friedrich Rückert

Sie wollen schon wieder auf und davon?
Haben Sie wirklich einen Grund dazu?

21. September

Also lautet der Beschluss,
dass der Mensch was lernen muss.

Wilhelm Busch

Ihr Geist will immer gefordert werden. Vielleicht belegen Sie einen Sprachkurs?

22. September

Auch der Herbst hat seine schönen Tage.

Volksmund

Auch der schon etwas in die Jahre gekommene Schütze
geht immer noch offen und neugierig durchs Leben.

23. September

Ach Lieb, nun lass mich Armen
im Herzen dein erwarmen.

Verfasser unbekannt

**Sie wärmen sich gerne am Feuer der Liebe
und Herzen können Sie im Sturm erobern.**

24. September

♎

Es gibt Glückspilze, die fallen zwar auf die Nase,
aber sie finden dabei noch etwas.

Aus dem Senegal

Auch ein Glückskind wie der Schütze kann einmal Pech haben.
Doch er ist ein Stehaufmännchen, und auch aus einer schlechten Erfahrung
lässt sich immer eine gute Lehre ziehen.

25. September

♎

Für Sorgen sorgt das liebe Leben,
und Sorgenbrecher sind die Reben.

Johann Wolfgang von Goethe

Ein fröhliches Weinfest im Kreise von lieben Freunden
könnte doch so manchen trüben Gedanken vertreiben.

26. September

♎

Diene deinen Freunden,
ohne zu rechnen.

Gottfried Keller

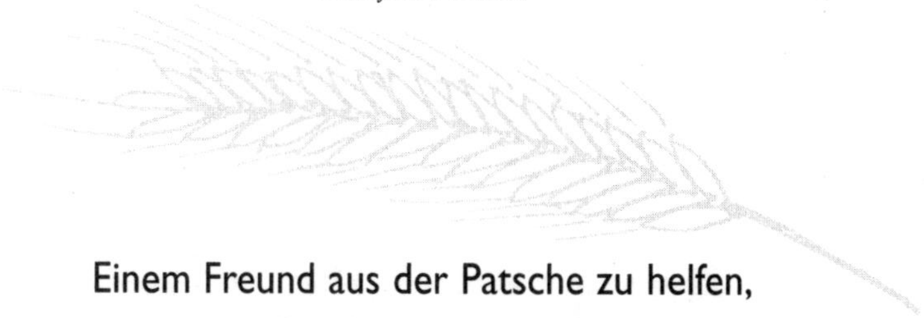

**Einem Freund aus der Patsche zu helfen,
ohne groß dafür etwas zu erwarten,
sollte eigentlich selbstverständlich sein.**

27. September

♎

Wenn man glücklich ist, soll man nicht
noch glücklicher werden wollen.

Theodor Fontane

Ihnen steht alles Glück der Welt zu!
Glauben Sie daran!

28. September

♎

Dem Gesunden ist jeder Tag ein Fest.

Aus der Türkei

Sie fühlen sich heute pudelwohl?
Seien Sie dankbar und freuen Sie sich des Lebens.

29. *September*

Geld wächst nicht an Bäumen.

Aus den USA

Vielleicht würde es Ihrem Konto nicht schaden,
wenn Sie statt eines Einkaufsbummels
lieber einen Ausflug in den Zoo unternehmen.

30. September

♎

Die Menschen werden jenes Ding verfolgen,
vor dem sie am meisten Angst haben.

Leonardo da Vinci

Gelingt es Ihnen erst einmal, genügend Vertrauen
zu sich selbst zu entwickeln,
werden sich viele Ängste verabschieden.

Oktober

1. Oktober

Ganz herrlich sind die Alpentäler,
wo preiswert Bett und Mittagsmähler.

Verfasser unbekannt

Eine Bergwanderung an einem sonnigen Herbsttag bringt Ihnen viele gute Energien.

2. Oktober

Den Göttern Weihrauch, den Menschen Lob!

Pythagoras

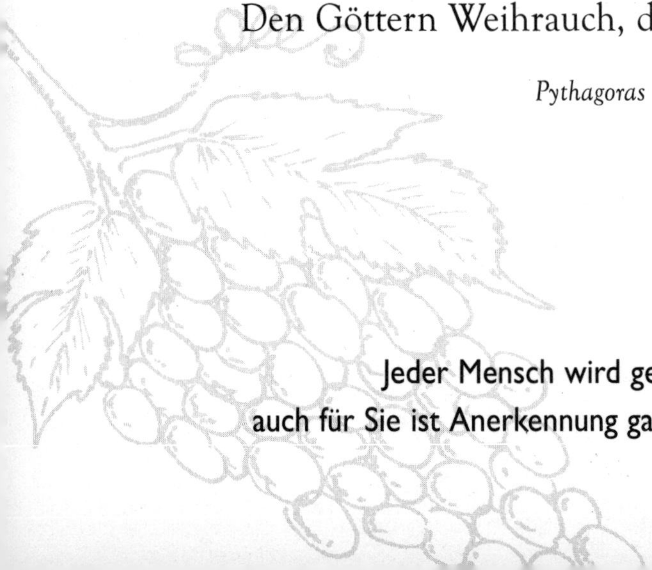

Jeder Mensch wird gerne gelobt,
auch für Sie ist Anerkennung ganz besonders wichtig.

3. Oktober

♎

Die Liebe ist Sehnsucht,
und gestillte Sehnsucht vergeht.

Hans Christian Andersen

Erst wenn Sie die Liebe in sich selbst gefunden haben, brauchen Sie sich nicht mehr nach Liebe zu sehnen.

4. Oktober

♎

Liebt euren Nächsten gleich euch selber,
vorausgesetzt dass ihr euch selber liebt.

Friedrich Nietzsche

Sich selbst lieben und sich annehmen, so wie man ist,
ist die Basis für ein liebevolles Miteinander.

5. Oktober

♎

Im Traum und in der Liebe
ist nichts unmöglich.

Aus Ungarn

Wenn Sie großes Vertrauen in sich selbst haben, können auch die kühnsten Träume in Erfüllung gehen.

6. *Oktober*

Ein bescheidenes Ich zu werden ist mehr wert,
als ein großer Jemand.

Charles Tschopp

Einige Menschen Ihres Sternzeichens
haben Probleme mit der Bescheidenheit.
Sie gehören sicher nicht dazu.

7. Oktober

Vergeudet haben wir unser Leben,
wenn wir nicht Liebe geben.

Nathan Söderblom

**Zeigen Sie heute einmal wieder Ihrem Partner,
wie sehr Sie ihn lieben,
es gibt Tausende bezaubernde Möglichkeiten.**

8. Oktober

♎

Das Leben hat keinen Sinn, außer dem,
den wir ihm geben.

Thornton Wilder

Es ist eine große Begabung des Schützen,
Menschen zusammenzuführen, zu inspirieren
und ihnen die Welt zu öffnen.

9. Oktober

Die Welt hat Rätsel, aber sie hat ebenso viele Lösungen,
hundertmal schöner als die Rätsel.

Martin Liechti

**Es ist eine Herausforderung für Sie,
den fantasievollen Erforscher des Lebens,
die Rätsel der Welt zu ergründen.**

10. Oktober

♎

Wir können der Sonne nicht entgegeneilen,
auch nicht nachlaufen,
aber wir können sie immer im Herzen tragen.

Carla Pols

Es wäre wunderbar, wenn sich Ihre Mitmenschen an der Sonne Ihres Herzens erwärmen könnten.

11. Oktober

♎

Wie viele krumme Wege geht man,
bis man den geraden findet?

Aus Israel

Glauben Sie daran, dass jeder schwierige Umweg Ihnen etwas zeigen will.

12. Oktober

♎

Öffnet der Kultur den Weg,
ein für allemal.

Kaiser Wilhelm II.

Sie lieben kulturelle Veranstaltungen, und dafür ist Ihnen Ihre kostbare Zeit nie zu schade.

13. Oktober

♎

Nicht mitzuhassen,
mitzulieben bin ich da.

Sophokles

Das sollte die Lebensaufgabe eines jeden Menschen sein!

14. Oktober

Du kannst nicht alles haben,
wo würdest du das auch hintun?

Ann Landers

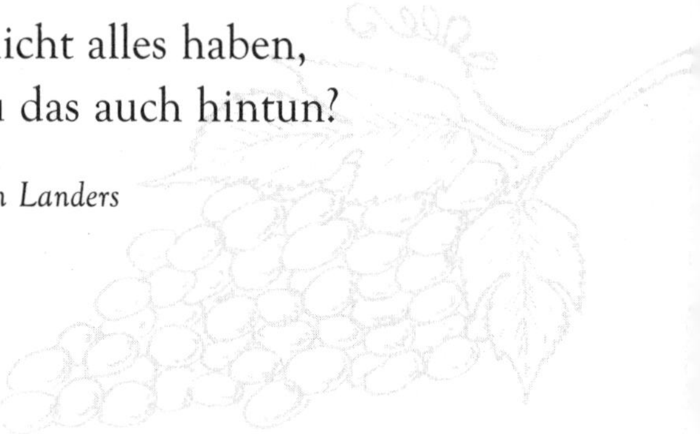

Ein bisschen Verschwendungssucht wird ja dem Schützen gerne nachgesagt, deshalb auch der chronische Geldmangel!

15. Oktober

Viel von sich reden kann auch ein Mittel sein,
sich zu verbergen.

Friedrich Nietzsche

Achten Sie einmal darauf, was Sie den lieben langen Tag
so von sich geben. Was ist wirklich wichtig
und wann können Sie auch schweigen?

16. Oktober

♎

Es liegt großes Glück darin, nichts zu wollen,
nicht etwas zu sein, nirgendwo hinzugehen.

Krishnamurti

Nicht nur im Außen Glück zu haben, sondern das Glücksgefühl in Ihrem Inneren zu finden, sollte Ihr Ziel werden.

17. Oktober

♎

Wahre Schönheit muss von innen kommen,
von innen wachsen.

Ralph W. Trine

Sie sind ein optimistischer, fröhlicher Mensch.
Deshalb haben Sie auch eine positive und warme Ausstrahlung.

18. Oktober

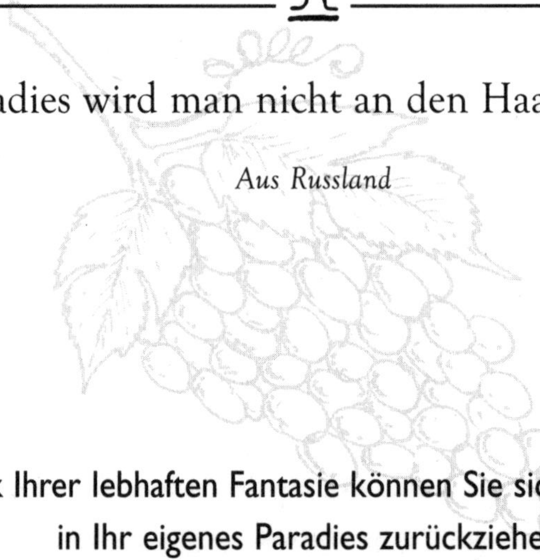

Ins Paradies wird man nicht an den Haaren gezogen.

Aus Russland

Dank Ihrer lebhaften Fantasie können Sie sich jederzeit in Ihr eigenes Paradies zurückziehen.

19. Oktober

♎

Wenn wir es recht überdenken, so stecken wir doch alle nackt in unseren Kleidern.

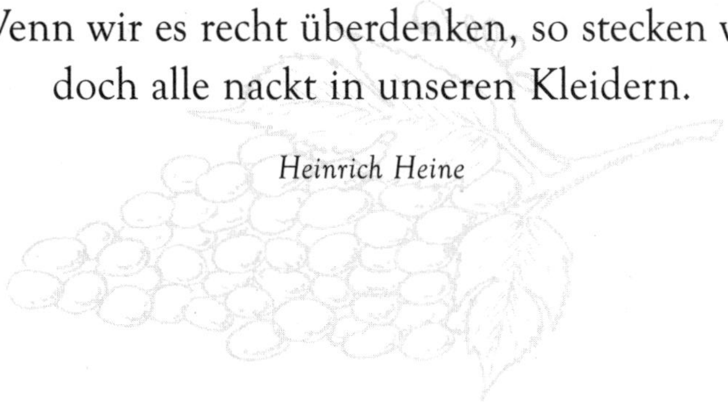

Heinrich Heine

Vielleicht sollten Sie ab und zu daran denken, dass Sie – ebenso wie Ihr Gegenüber – ganz einfach nur Menschen sind.

20. Oktober

♎

Wer nie im Zorn erglühte,
kennt auch die Liebe nicht.

Ernst Moritz Arndt

All seine Gefühle zulassen und sie auch annehmen, zeigt, dass man sich selbst ernst nimmt.

21. Oktober

♎

Nicht da ist man daheim, wo man seinen Wohnsitz hat, sondern dort, wo man verstanden wird.

Christian Morgenstern

Sie, lieber Schütze, könnten überall auf der Welt leben – vorausgesetzt, Sie werden dort anerkannt und respektiert.

22. Oktober

♎

Steigst du nicht auf die Berge,
so siehst du auch nicht in die Fremde.

Aus China

Manchmal müssen auch Sie etwas unternehmen,
um sich Ihre Wünsche erfüllen zu können.

23. Oktober

Ich denke niemals an die Zukunft,
sie kommt früh genug.

Albert Einstein

**Versuchen Sie, mehr im Jetzt zu leben –
das kann nur von Vorteil sein!**

24. Oktober

Beginnen können ist Stärke,
vollenden können ist Kraft.

Laotse

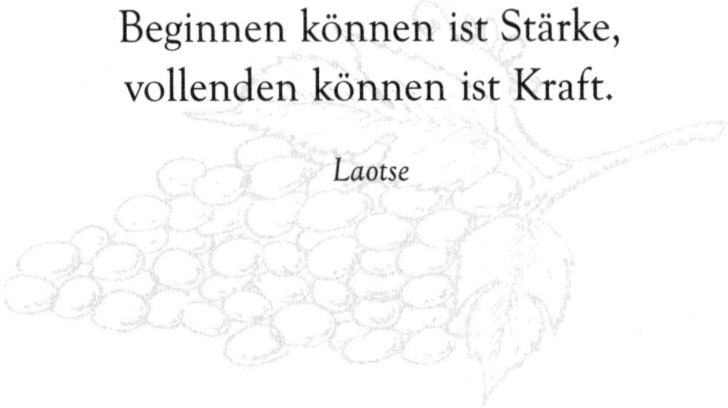

Es kostet Sie mitunter wirklich Ihre ganze Kraft, etwas zu vollenden. Geben Sie nicht auf, das Glück wartet am Ziel!

25. Oktober

♏

Das Leben ist eine riesengroße Leinwand,
wirf so viel Farbe darauf, wie du nur kannst.

Danny Kaye

Es liegt an Ihnen, wie Sie Ihr Leben gestalten wollen – bunt oder schwarz-weiß.

26. Oktober

Was ist Reue? Eine große Trauer darüber,
dass wir sind, wie wir sind.

Marie von Ebner-Eschenbach

**Haben Sie das Vertrauen, dass Sie so,
wie Sie sind, genau richtig sind.**

27. Oktober

♏

Man lindert oft sein Leid,
indem man es erzählt.

Pierre Corneille

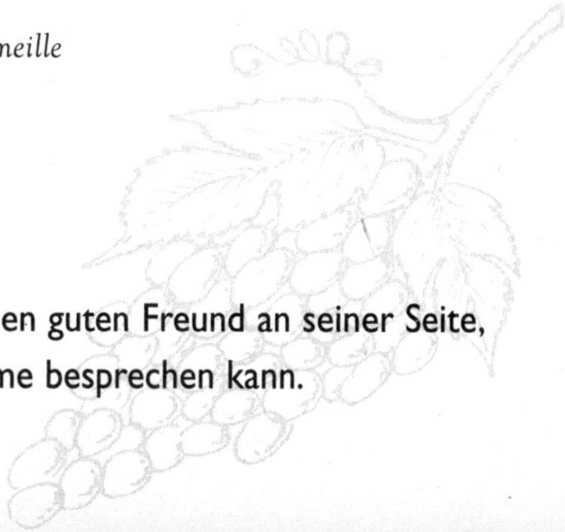

Ein liebevoller Schütze hat immer einen guten Freund an seiner Seite, mit dem er seine Probleme besprechen kann.

28. Oktober

♏

Die Freude und das Lächeln
sind der Sommer des Lebens.

Jean Paul

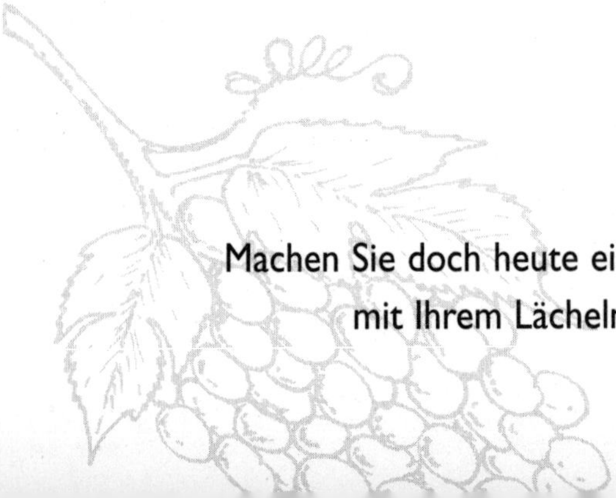

**Machen Sie doch heute einem fremden Menschen
mit Ihrem Lächeln ein Geschenk.**

29. Oktober

♏

Lebensklugheit bedeutet: Alle Dinge möglichst wichtig, aber keines völlig ernst zu nehmen.

Arthur Schnitzler

Selten werden Sie Ihre alltäglichen lästigen Haushaltspflichten auch nur annähernd ernst nehmen.

30. Oktober

Wer A sagt, der muss nicht B sagen.
Er kann auch erkennen, dass A falsch war.

Bertolt Brecht

Wie allen Feuerzeichen fällt es auch Ihnen manchmal schwer, Ihre eigenen Fehler zu sehen.

31. Oktober

Wer jetzt kein Haus hat, baut sich keines mehr,
wer jetzt allein ist, wird es lange bleiben ...

Rainer Maria Rilke

Nun, lieber Schütze – jetzt müssen Sie Ihr Jagdrevier wieder auf die Kneipen verlegen, und dort sind Sie ganz bestimmt nicht lange allein.

November

1. November

Und alles so still, und alles so stumm,
man sieht sich umsonst nach Lebendigem um …

Friedrich Hebbel

Auch Gedanken über den Tod und das Sterben
wollen manchmal Ihre Aufmerksamkeit,
denn auch sie sind Teil des Lebens.

2. November

Folge nicht dem Lauf des Pfades.
Gehe stattdessen ohne Pfad und hinterlasse eine Spur.

Verfasser unbekannt

**Und wenn Ihr Pfad der Pfad des Herzens wäre
und Ihre hinterlassenen Spuren die Liebe …?**

3. November

♏

Wer lächelt, statt zu toben,
ist immer der Stärkere.

Aus Japan

Als Feuerzeichen können Sie sehr heftige Wutanfälle bekommen,
die Sie ebenso schnell wieder vergessen.
Ihr Gegenüber hoffentlich auch!

4. *November*

Nur ein Künstler kann den Sinn des Lebens erraten.

Novalis

**Durch Ihre angeborene Lebensfreude
sind Sie dem Sinn des Lebens sehr nahe.**

5. November

Fröhliche Menschen sind nicht bloß glückliche,
sondern in der Regel auch gute Menschen.

Karl Julius Weber

Zögern Sie nicht lange, wenn ein Freund heute Ihre Hilfe braucht,
stehen Sie ihm mit Rat und Tat zur Seite.

6. *November*

♏

Verzage nicht. Vielleicht ist das Unglück
die Quelle deines Glücks.

Menander

Sie ärgern sich, weil Sie Ihren Zug verpasst haben?
Vielleicht sitzt ja im nächsten Zug die große Liebe?

7. November

Dies ist der Herbst: Der bricht dir noch das Herz!
Fliege fort! Fliege fort!

Friedrich Nietzsche

Vielleicht erlaubt Ihnen ja Ihr Bankkonto
einen Wochenendtrip in die Sonne!

8. November

♏

Alt werden, das ist Gottes Gunst.
Jung bleiben, das ist Lebenskunst.

Volksmund

Ihren Geist rege zu halten und sich
immer wieder Neuem zu öffnen, erhält Sie jung.

9. November

Die Welt, das lässt sich nicht bestreiten,
hat ihre angenehmen Seiten.

Wilhelm Busch

Genießen Sie jeden Tag bewusst auch die kleinen Dinge des Lebens, und sei es nur ein gutes Stück Schokolade.

10. November

Ein edler Mensch zieht edle Menschen an
und weiß sie festzuhalten.

Johann Wolfgang von Goethe

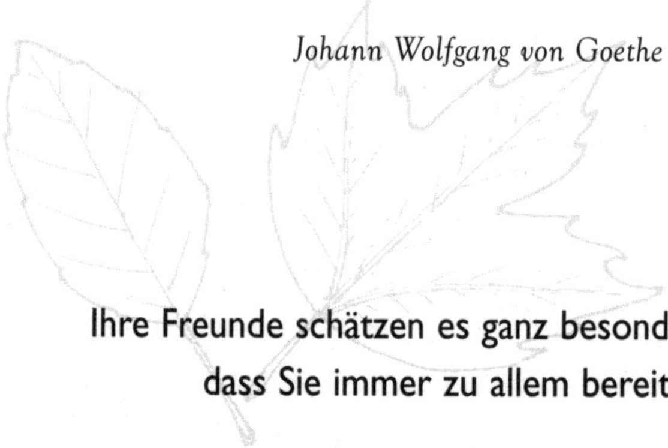

Ihre Freunde schätzen es ganz besonders an Ihnen,
dass Sie immer zu allem bereit sind.

11. November

Ich zähle nur die heiteren Stunden.

Lateinisches Sprichwort

Auch ein trüber Novembertag wird Sie nicht gleich
in ein dunkles Loch werfen – wie wäre es
mit einem Wohlfühl-Bad mit Kerzenlicht?

12. November

♏

Ein Mensch kann manchmal nicht verstehn,
trifft ein, was er vorausgesehn.

Eugen Roth

Als Schütze sind Sie ein intuitiver Mensch.
Haben Sie Vertrauen in Ihre Vorausahnungen!

13. *November*

Es gibt so wenig ein Übermaß an Liebe,
wie es ein Übermaß an Wissen und Schönheit gibt.

Ralph Waldo Emerson

Der Liebe sind keine Grenzen gesetzt
und je mehr wir davon geben, desto mehr kommt zurück.

14. November

Mancher rennt dem Glück nach und weiß nicht,
dass er es zu Hause hat.

Adolf Kolping

Setzen Sie sich doch einmal mit dem Gedanken auseinander,
wie Sie das Glück in sich finden können.

15. November

Allgemein ist die Hast, weil jeder
auf der Flucht vor sich selber ist.

Friedrich Nietzsche

**Nehmen Sie sich die Zeit, die Sie brauchen,
um mit sich ins Reine zu kommen.
Vielleicht bei einem Spaziergang?**

16. *November*

Geduld – mit der Zeit wird aus Gras Milch.

Aus China

Schwierig ist herauszufinden, welche Angelegenheiten
Geduld verlangen und in welche man eingreifen sollte.

17. November

Einmal lachen hilft besser
als dreimal Medizin nehmen.

Aus dem Münsterland

Und am gesündesten ist es,
wenn man über sich selbst lachen kann.

18. November

Der Siege göttlichster ist das Vergeben.

Friedrich Schiller

Sie werden sich einfach wunderbar fühlen, wenn Sie jemandem von Herzen verziehen haben.

19. November

Doch wisse, Träume sind nicht Taten,
ohn' Arbeit wird dir nichts geraten.

Ernst Moritz Arndt

Lieber Schütze, Sie träumen wieder einmal von einem Ziel in weiter Ferne? Wenn Sie es wirklich erreichen wollen, dürfen Sie die Arbeit nicht scheuen.

20. November

Wer nicht mehr liebt und nicht mehr irrt,
der lasse sich begraben.

Johann Wolfgang von Goethe

Seien Sie ganz zuversichtlich: Sie verlieben sich bald wieder und dann ist es bestimmt der/die Richtige.

21. November

Ein großer Mensch ist derjenige,
der sein Kinderherz nicht verliert.

James Legge

Heute hier, morgen dort, heute dies, morgen das –
machen Sie sich keine Gedanken, lieber Schütze,
Ihr Kinderherz wird Ihnen Ihr ganzes Leben lang treu bleiben.

22. November

♏

Das Glück tritt gerne in ein Haus,
wo gute Laune herrscht.

Aus Japan

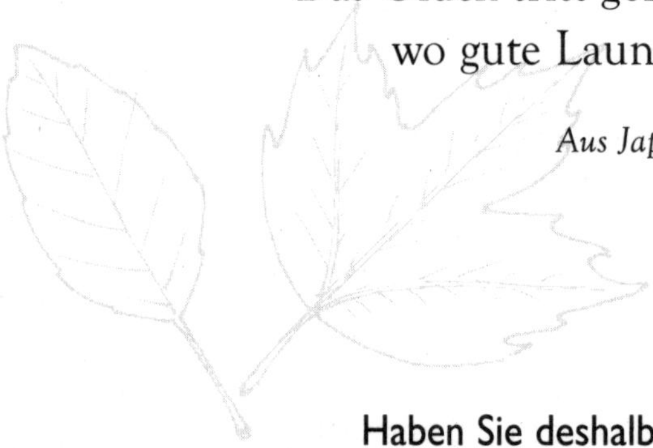

Haben Sie deshalb so viel Glück?

23. November

♐

Ich kenne wen, der litt akut
an Fußballwahn und Fußballwut.

Joachim Ringelnatz

Nicht nur Ihr Geist, auch Ihr Körper will bewegt werden.
Sicher finden Sie eine interessante Sportart,
die man zu dieser Jahreszeit ausüben kann.

24. November

♐

Ich glaube, dass überall, wo dich deine Reise hinführt,
neue Götter warten, mit göttlicher Geduld und Lachen.

Susan M. Watkins

Darüber wird sich der reisefreudige Schütze freuen.
Doch auch die Reise durchs tägliche Leben
steckt voller Überraschungen.

25. *November*

♐

Kurz und gut, mein Wunsch ist klein:
Du mögest reich und glücklich sein.

Volksmund

Falls Sie heute Geburtstag haben, lassen Sie sich von Ihrer Familie feiern und verwöhnen.

26. November

Wenn du am Morgen erwachst, denke daran,
was für ein köstlicher Schatz es ist, zu leben,
zu atmen und sich freuen zu können.

Marc Aurel

Auch für die Dinge, die wir als selbstverständlich ansehen,
sollten wir uns hin und wieder bedanken.

27. November

♐

Willst du ein Jahr lang glücklich sein,
dann gewinne in der Lotterie.
Willst du ein Leben lang glücklich sein,
dann liebe, was du machst.

Verfasser unbekannt

Manchmal verändert sich eine ungeliebte Situation dadurch,
dass Sie sie annehmen.

28. November

♐

Du verlierst nichts, wenn du
mit deiner Kerze andere anzündest.

Aus Dänemark

Zeigen Sie Ihren Optimismus am Arbeitsplatz,
Ihre Kollegen lassen sich gerne davon anstecken.

29. *November*

♐

Das größte unzerstörbare Wunder
ist der Menschenglaube an Wunder.

Jean Paul

Wie sollten Menschen nicht an Wunder glauben,
wenn der Mensch selbst ein Wunder ist?

30. *November*

♐

Nach einem guten Festmahl
knausert man nicht mit Kleingeld.

Henrik Ibsen

Sie haben keine Probleme damit,
großzügige Trinkgelder zu verteilen.
Deshalb sind Sie auch ein gern gesehener Gast.

Dezember

1. Dezember

♐

Tages Arbeit! Abends Gäste!
Saure Wochen! Frohe Feste!

Johann Wolfgang von Goethe

Sie planen eine Geburtstagsparty?
Ihre Freunde können es kaum mehr erwarten,
denn Ihre Feste sind immer etwas Besonderes.

2. Dezember

♐

Die Gäste ziehen aus und ein
und lassen sich's gar wohl hier sein.

August Heinrich Hoffmann von Fallersleben

Haben Sie Ihre Geburtstagsparty schon geplant?
Als Schütze wird es Ihnen sicher nicht schwer fallen,
ganz spontan ein Fest zu organisieren –
und es wird ein voller Erfolg werden!

3. Dezember

♐

Wer ist weise, wer ist gut?
Wer nach seinem Wesen tut.

Paul Ernst

Nur Sie selbst können wissen,
was für Sie das Beste ist.

4. Dezember

♐

Trinke, wenn du glücklich bist,
niemals wenn du unglücklich bist.

Gilbert K. Chesterton

Wenn Sie heute Ihren Frust im Alkohol ertränken,
haben Sie morgen zwei Probleme: den Frust und einen Kater.

5. Dezember

♐

Das Leben ist wie ein wilder Tiger.
Du kannst dich entweder hinlegen,
damit er seine Pranke auf deinen Kopf legen kann –
oder dich auf ihn setzen und auf ihm reiten.

Aus Indien

Es gehört immer ein wenig Mut dazu,
sein Leben selbst in die Hand zu nehmen.
Sie, lieber Schütze, haben diesen Mut.

6. Dezember

Wenn jetzt nicht Zeit zu handeln ist, wann dann?

Hillel

Haben Sie sich nicht für dieses Jahr vorgenommen,
die Weihnachtsgeschenke nicht wieder
auf den allerletzten Drücker zu kaufen?

7. Dezember

♐

Niemand ist eine Insel. Jeder ist Teil des Kontinents,
Teil des Ganzen.

John Donne

Es liegt nicht in Ihrem Naturell, sich der Einsamkeit hinzugeben, aber ab und zu bewusst mit sich alleine zu sein, kann sehr inspirieren.

8. Dezember

♐

Es gibt Dinge, die du niemals hinnehmen darfst.

William Faulkner

Verschließen Sie nicht die Augen vor dem Leid
von Menschen und Tieren in Ihrem Umfeld.

9. Dezember

♐

Nicht immer mögen wir das,
was gut für uns ist.

Eleanor Roosevelt

Der Schütze isst gerne gut und viel und ruhig auch exotisch.
Doch wie wäre es einmal mit einem
ganz einfachen gesunden Essen aus biologischen Zutaten?

10. Dezember

♐

Verstehen kann man das Leben nur rückwärts.
Leben muss man es aber vorwärts.

Søren Kierkegaard

Wäre es nicht wunderbar, wenn wir hin und wieder einen Blick in unsere Zukunft werfen könnten?

11. Dezember

♐

Wir haben das Bedürfnis, gehört zu werden
und uns im Gespräch auszutauschen.

Dory Previn

Da Sie ein ausgesprochen guter Redner sind,
brauchen Sie sich keine Sorgen um die nötigen Zuhörer zu machen.

12. Dezember

♐

Es ist nicht fair, von anderen das zu verlangen,
was du selbst nicht zu tun bereit bist.

Eleanor Roosevelt

Erledigen Sie heute einmal die unangenehmen Aufgaben selbst,
anstatt sie auf Ihren Kollegen abzuwälzen.

13. Dezember

♐

Wenn du laufen kannst, kannst du auch tanzen.
Wenn du sprechen kannst, kannst du auch singen.

Aus Simbabwe

Es gelingt Ihnen ganz besonders gut,
mit Leichtigkeit und Fröhlichkeit durch Ihr Leben zu wandern.

14. Dezember

♐

Ich hab getan, was ich nicht lassen konnte.

Friedrich Schiller

Haben Sie wieder einmal einen Pfeil übers Ziel hinaus geschossen?

15. Dezember

♐

Meine güldenen Dukaten,
sagt, wo seid ihr hingeraten?

Heinrich Heine

Diesmal sind die Geburtstagsfeier und die Weihnachtsgeschenke schuld an der Leere in Ihrer Brieftasche!

16. Dezember

♐

Entsinnst du dich der kleinsten Torheit nicht,
in welche dich die Liebe je gestürzt,
so hast du nicht geliebt.

William Shakespeare

Und trotz – oder gerade wegen – dieser vielen großen und kleinen Torheiten der Liebe werden Sie nie aufhören, sich zu verlieben.

17. Dezember

Das Ohr ist der Weg zum Herzen.

Aus Frankreich

Entspannen Sie sich und genießen Sie
den heutigen Abend mit Ihrer Lieblingsmusik.

18. Dezember

♐

Ehe man tadelt, sollte man immer erst versuchen,
ob man sich nicht entschuldigen kann.

Georg Christoph Lichtenberg

Durch das feurige Temperament Ihres Sternzeichens sind Sie manchmal mit Tadel schnell bei der Hand, auch wenn es Ihnen hinterher Leid tut.

19. *Dezember*

♐

Fröhlichkeit und Mäßigkeit sind die besten Ärzte.

Volksmund

Durch Ihre Lebensfreude können Sie sich gut
Ihre kleinen Unmäßigkeiten verzeihen.

20. Dezember

♐

Freunde, Bücher, ein fröhliches Herz
und ein reines Gewissen
sind unsere allerbesten Gefährten.

William Mather

**Und wenn der Freund ein Schütze ist,
dann kann das Leben richtig Freude machen.**

21. Dezember

♐

Für die Liebenden ist auch im Winter Frühling.

Aus Russland

Auch im tiefsten Winter sollte es Ihnen gelingen,
ein wenig Frühling in Ihrem Herzen zu tragen.

22. Dezember

Was man von der Mutter hat, das sitzt fest
und lässt sich nicht ausreden.

Wilhelm Raabe

Weihnachten steht vor der Türe, Sie feiern das Fest gerne nostalgisch, so wie Sie es aus Ihrer Kindheit kennen.

23. Dezember

Aufrichtige Worte sind nicht großartig.

Laotse

Nur die Worte, die aus dem Herzen kommen,
können auch das Herz des anderen erreichen.

24. Dezember

Welches auch die Gaben sein mögen,
mit denen du erfreuen kannst, erfreue!

Ovid

Nicht nur die Geschenke sind heute wichtig,
sondern ganz besonders die Liebe, die Sie Ihrer Familie schenken.

25. Dezember

Man muss viel Ferne getrunken haben,
um den Zauber des Nächsten zu sehen.

Martin Kessel

**Oft sind Sie mit Ihren Gedanken in der weiten Ferne,
aber Sie sind auch offen für die Schönheiten Ihrer Heimat.**

26. Dezember

Halte dich still, halte dich stumm,
nur nicht forschen, warum? warum?

Theodor Fontane

Der Schütze, als großer Forscher und Erforscher
seines Seins und seines Lebens,
wird immer nach dem Warum fragen.

27. Dezember

Nichts ist schwerer zu ertragen
als eine Reihe von guten Tagen.

Volksmund

Nach den ganzen Familienfeiern
brauchen Sie dringend wieder Abwechslung.
Ziehen Sie mit Ihren Freunden um die Häuser.

28. Dezember

Wenn du keinen Gesellschafter hast,
ziehe deinen Spazierstock in Erwägung.

Aus Albanien

Ein Spaziergang durch den verschneiten Winterwald kann einen Schützen durchaus hinter dem Ofen hervorlocken.

29. Dezember

Frohsinnige Menschen sind ideenreich.

Li Taibai

**Notieren Sie sich doch einmal die vielen Ideen,
die Ihnen im Laufe eines Tages so durch den Kopf schwirren.**

30. Dezember

Wir mögen die Welt kennen lernen, wie wir wollen,
sie wird immer eine Tag- und eine Nachtseite haben.

Johann Wolfgang von Goethe

Denken Sie doch einmal darüber nach,
ob Sie nicht von den Nachtseiten am meisten gelernt haben.

31. Dezember

Legen will ich mir die Karten,
ei, was hab ich zu erwarten?

Pierre Jean de Beranger

Auch im nächsten Jahr, lieber Schütze, wird das Glück Sie begleiten. Sie werden viele Ziele ins Visier nehmen, verreisen und lebensfroh durch die Tage gehen.